Informationen suchen

1 Suche Informationen zum Begriff „Ginko“. Bearbeite den Suchauftrag mit möglichst vielen Lexika.
Du kannst dabei herkömmliche Lexika, ein Lexikon auf CD-ROM oder eines aus dem Internet verwenden.

2 Beantworte mithilfe der Formularkärtchen folgende Fragen:
- Wie heißt das Lexikon?
- Welche Informationen konntest du im Lexikon finden?
- Wie hast du den Lexikonartikel verstanden?
- Welche Besonderheiten hat das von dir gewählte Lexikon?

______________________________ (Name des Lexikons)

______________________________ (Suchbegriff)

Der Lexikonartikel enthält folgende Informationen:

____

____

____

____

☐ Buch
☐ CD-ROM
☐ Internet

Der Lexikonartikel ist
☐ gut
☐ nicht so einfach
☐ sehr schwierig
zu verstehen.

Besonderheiten: ______________________________

______________________________ (Name des Lexikons)

______________________________ (Suchbegriff)

Der Lexikonartikel enthält folgende Informationen:

____

____

____

____

☐ Buch
☐ CD-ROM
☐ Internet

Der Lexikonartikel ist
☐ gut
☐ nicht so einfach
☐ sehr schwierig
zu verstehen.

Besonderheiten: ______________________________

Informationen aus Texten entnehmen

1 **a)** Wähle eine Frage aus.

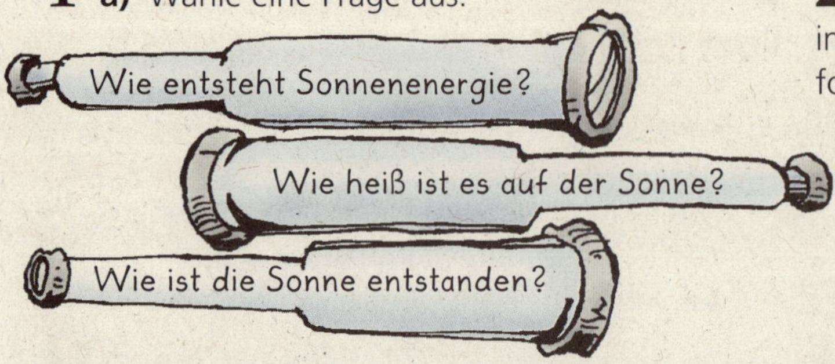

b) Bearbeite den Text nach dem Tipp im Sprachbuch auf Seite 41.

2 Beantworte mithilfe des Tipps im Sprachbuch auf Seite 41 auch folgende Frage: Wann wird die Sonne verlöschen?

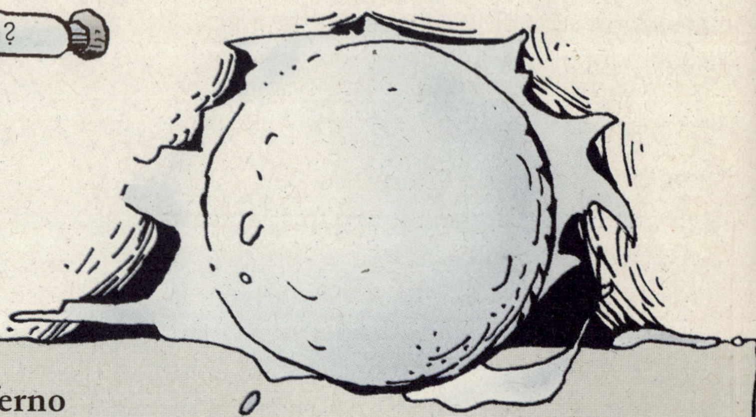

Die Sonne – ein flammendes Inferno

Seit Menschengedenken leuchtet die Sonne vom Himmel und ermöglicht auf unserer Erde Leben. Wissenschaftler gehen davon aus, dass die Sonne vor fünf Milliarden Jahren aus einer unvorstellbar großen Wolke aus Gas und Staub entstanden ist. Diese Wolke zog sich zusammen, verdichtete sich, drehte sich dabei immer schneller und bildete eine große Kugel. Je mehr sich der Gasball zusammenzog, um so heißer wurde er, bis die Temperatur mehrere Millionen Grad betrug.

Damit kam ein Prozess in Gang, der auch noch heute anhält: Unter riesigem Druck findet in der Sonne eine Verschmelzung von Gasatomen statt und eine unvorstellbar große Menge von Energie wird freigesetzt. Gewaltige Gasblasen und riesige Strahlenbündel schießen aus dem Sonneninnern nach außen. An der Oberfläche toben Flammenstürme, und Feuerfackeln schießen bis zu 100 000 Kilometer in die Höhe.

In der Korona, das ist die äußerste Gashülle der Sonne, entstehen Temperaturen bis 5 Millionen Grad, im Sonnenkern beträgt die Temperatur 15 Millionen Grad. Wissenschaftler haben ausgerechnet, dass die von der Sonne abgegebene Energie ausreicht um das Wasser aller Ozeane in zehn Sekunden verdampfen zu lassen.

Glücklicherweise wird der größte Teil der Sonnenenergie in den Weltraum abgestrahlt. Nur ein geringer Teil trifft auf die Erde und erwärmt die Ozeane und die Kontinente. Übrigens benötigt das Licht für den 150 Millionen Kilometer langen Weg von der Sonne zur Erde acht Minuten.

Diese „Energieverschwendung" hat Folgen: In jeder Sekunde verliert die Sonne 10 Millionen Tonnen Material. Etwa die Hälfte des Energie-Vorrates hat sie bereits verbraucht. Eines Tages wird sie verlöschen wie andere Sterne auch. Zuvor jedoch wird sie sich um das 150fache ihrer jetzigen Größe aufblähen und durch ihre zunehmende Hitze ein Leben auf der Erde unmöglich machen. Aber dieses Ereignis dürfte erst in etwa fünf Milliarden Jahren eintreten.

Wichtige Informationen zusammenfassen

1 a) Lies im Sprachbuch den Tipp auf Seite 43.

b) Fasse die wichtigsten Informationen des Textes zusammen. Dein Text sollte dabei nicht mehr als zehn Zeilen umfassen.

Ohne Sonne kein Leben

Die Erde ist der einzige uns bekannte Planet, auf dem es Leben gibt. Dies verdanken wir der Sonne, die uns Licht und Wärme schenkt.

Die Energie der sichtbaren Sonnenstrahlen, die wir als Licht wahrnehmen, brauchen fast alle Pflanzen um wachsen zu können. Die Pflanzen wiederum sind die Lebensgrundlage der meisten Tiere und sie sind auch die Voraussetzung für die Ernährung des Menschen.

Aber auch Tiere und Menschen brauchen das Licht der Sonne in vielfältiger Form. Der Wechsel von Tag und Nacht bestimmt unsere Wach- und Schlafphasen und damit viele unserer Körpervorgänge. Im Winter und nach langen Regenperioden sind wir Menschen richtiggehend sonnenhungrig, denn wir brauchen die Strahlen der Sonne um lebenswichtige Vitamine zu bilden. Es sind die nicht sichtbaren ultravioletten Strahlen, die diese Wirkung auslösen. Allerdings: Setzen wir uns diesen Strahlen zu lange aus, laufen wir Gefahr Hautkrebs zu bekommen.

Andere lebenswichtige Aufgaben des Lichts können wir im Tierreich beobachten. Bienen z.B. orientieren sich beim Fliegen nach dem Stand der Sonne und auch Vögel nutzen die Sonne als Kompass.

Ohne die Sonne herrschten auf der Erde Weltraumtemperaturen von minus 273 Grad. Die Sonne sorgt durch ihre Strahlen für genau die Wärme, die Tiere und Pflanzen benötigen um leben zu können. Nur wenige „Überlebenskünstler“ im Tier- und Pflanzenreich sind in der Lage unter den extremen Witterungsbedingungen der Eisregionen oder der Wüsten zu existieren. Dies zeigt uns, wie schmal der Temperaturbereich ist, in dem Leben, wie wir es kennen, möglich ist.

Die von der Sonne ausgehende Wärme bestimmt auch das Klima. Durch die Wärme verdunstet Meerwasser und es bilden sich Wolken, die uns den lebensnotwendigen Regen bringen. Durch die Sonneneinstrahlung erwärmt sich auch das Land und die Luft. Dies führt zu einem komplizierten Wechselspiel, das wir Wetter nennen.

Nur durch die Entfernung von 150 Millionen Kilometern zwischen Sonne und Erde sind diese einzigartigen Temperaturbedingungen gegeben, die Leben ermöglichen.

Das Alphabet üben

1 Buchstabensalat! Finde heraus, welche Buchstaben fehlen. Ergänze diese.

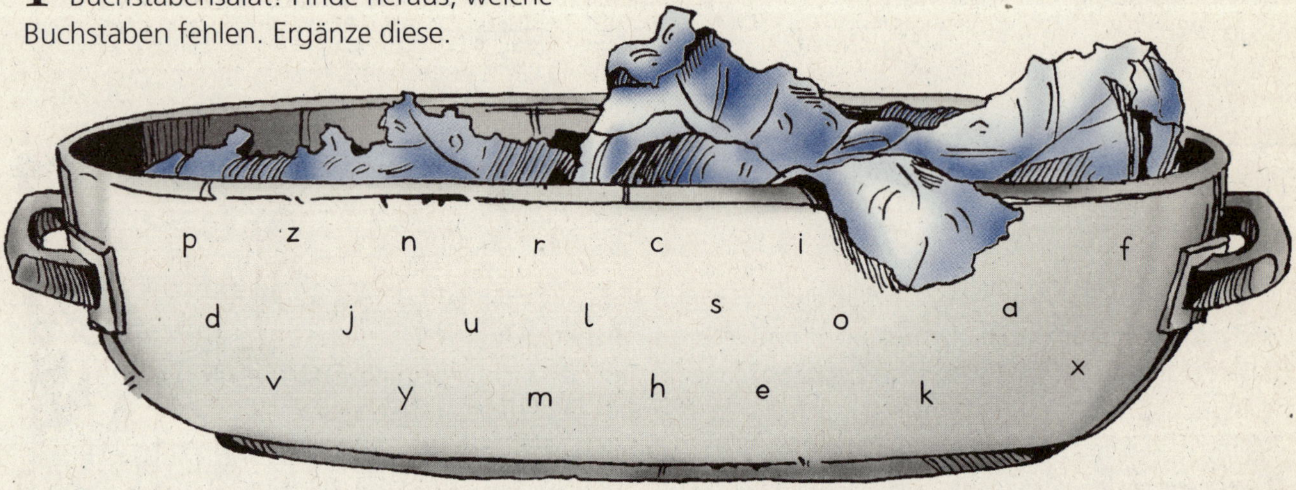

2 Bestimme die Vorgänger und Nachfolger zu den vorgegebenen Buchstaben.

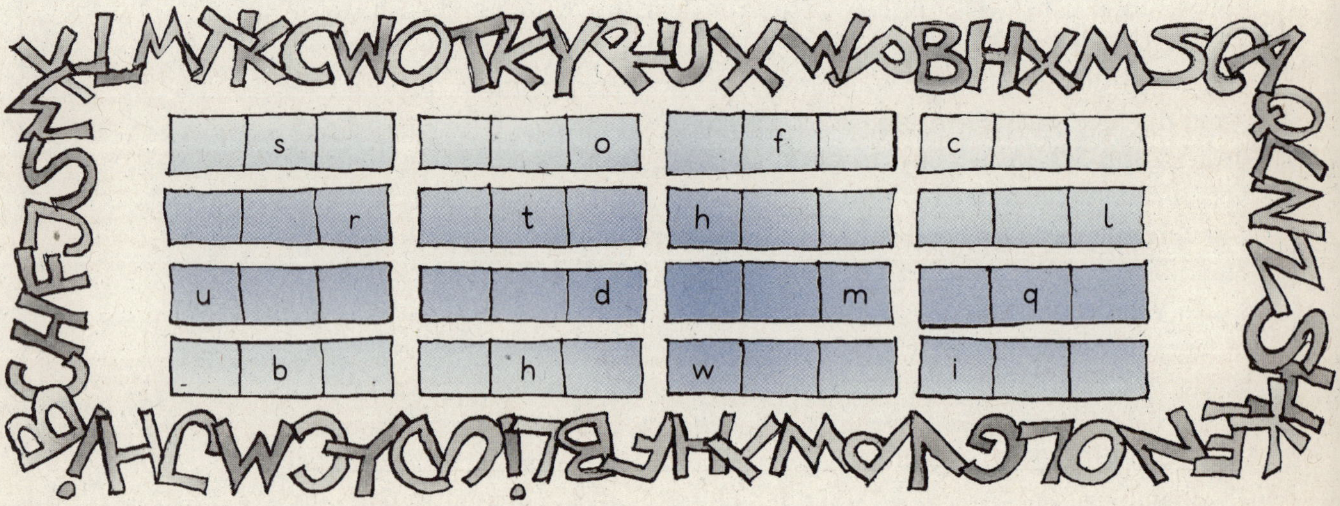

	s				o		f		c		
		r		t		h					l
u					d			m		q	
	b			h		w			i		

3 **a)** Welche Buchstaben folgen im Abc auf C, D, T, S, R, B, G?
Schreibe die Buchstaben auf. Welches Wort ergibt sich?

b) Welche Buchstaben gehören zwischen O und Q, G und I, X und Z, R und T, H und J, J und L? Schreibe die Buchstaben in der richtigen Reihenfolge auf.

c) Welcher Buchstabe steht vor dem U, welcher vor dem B?
Welcher Buchstabe folgt dem E, welcher dem D?
Welcher Buchstabe steht zwischen K und M?
Schreibe die Buchstaben in der richtigen Reihenfolge auf.

Wörter nach dem Alphabet ordnen

1 Ordne die Wörter in jeder Zeile nach dem Alphabet ein.

dumm Deckel Datum			Dieb	Dom	
eitel erfinden Efeu		Eifer		Elfe	
neu noch Nadel Nixe			niemand		
Reifen rau rot reisen		regnen			
Traum Tor toll tauchen Teich					

2 Trage in die Lücken Wörter ein, die in die Reihenfolge des Alphabets passen. Nimm dein Wörterbuch zu Hilfe.

basteln ____________ bauen ____________ ____________ bummeln

____________ fast ____________ ____________ fett ____________

Haus ____________ heimlich ____________ ____________ hoffen

mager ____________ Marke ____________ Masse ____________

reich ____________ reiten ____________ ____________ Ring

3 Welches Wort ist falsch eingeordnet? Kreise es ein und markiere den richtigen Platz.

4 Welche der folgenden Wörter kannst du zwischen **Partner** und **Praxis** einordnen? Unterstreiche sie.

platzen parallel Pflicht Pilot parken Post Panik prima Pickel Prinzessin pfiffig Palme Polster platt Presse prahlen Pflaster pendeln privat Polizei paar Planet Politik probieren Paradies

Im Wörterbuch nachschlagen

1 Zwischen welchen Leitwörtern (oder Leitbuchstaben) steht:

______	Kluft	______
______	geben	______
______	Plakat	______
______	Musik	______
______	tanzen	______
______	eifrig	______

2 Passen die hier unterstrichenen Wörter zwischen die Leitwörter? Kreuze an:

Tablette – Tabak – teilen:	ja ☐	nein ☐
Leim – Lage – Los:	ja ☐	nein ☐
Fleiß – Frack – Frachter:	ja ☐	nein ☐
gegen – Gewinn – giftig:	ja ☐	nein ☐
Park – Pfeffer – pflastern:	ja ☐	nein ☐
teilnehmen – Teppich – Tor:	ja ☐	nein ☐
quer – raufen – Rasse:	ja ☐	nein ☐
Miete – Mist – möblieren:	ja ☐	nein ☐
toll – Transport – träge:	ja ☐	nein ☐

3 Suche folgende Wörter im Wörterbuch:
Meniskus – Meister – Metzger – Mensch – merken – Meinung – Metall – Memme
Stehen sie *vor*, *nach* oder *zwischen* den Leitwörtern **melken** und **Messer**?

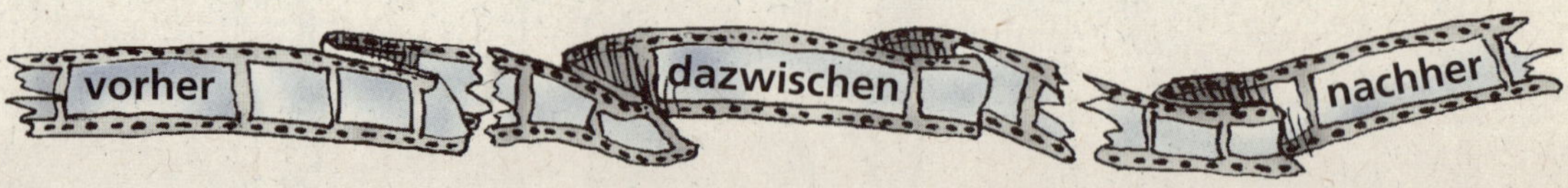

Meister	______	______
______	______	______
______	______	______
______	______	______

Texte vorlesen I

1 **a)** Schau dir im Sprachbuch die Tipps auf Seite 50 und 51 an.

b) Bereite die beiden Auszüge zum Vorlesen vor.

Die Mutprobe

Astrid Lindgren

„Rotzbengel! – Rotzbengel!“ gellend und triumphierend tönte es durch die Stille des Abends. Er, der mit Rotzbengel gemeint war, erhob sich aus dem Erdbeerbeet und spähte zum Nachbarn hinüber. Aber der Feind war nicht zu sehen. Stattdessen kam wieder das herausfordernde: „Rotzbengel! – Rotzbengel!“ Da wurde der in dem Erdbeerbeet ernstlich wild. „Komm raus, du Feigling!“, schrie er. „Komm raus und sag das noch einmal – wenn du dich getraust!“

Ein knallgelber Kopf schoss blitzschnell aus dem dichten Blätterwerk der Kastanie, die hinter dem Zaun des Nachbarn stand. „Wenn ich mich getraue?“, sagte der Knallgelbe und spuckte lässig über den Zaun. „Wenn ich mich getraue? Rotzbengel!“

Es ging wie ein Lauffeuer durch das Dorf. Albin und Stig sind aneinander geraten! Und schon nach wenigen Minuten standen sie da, draußen auf dem Weg, in gespannter Erwartung, alle Jungen des Dorfes.

Ja, Albin und Stig waren aneinander geraten. Das taten sie jeden Abend. Das hatten sie schon getan, solange man sich erinnern konnte. Es war ein Wettstreit zwischen ihnen, ein Wettstreit, der ungefähr neun Jahre dauerte. Das heißt, genau gesagt, seitdem Albin und Stig in die Wiege gelegt worden waren.

Der Wettstreit geht weiter

Am Vormittag hatte es geregnet. Und gerade dort, wo Albin an der Holzbude stand, kam jetzt ein kleiner Regenwurm aus der Erde gekrochen. Da hatte Albin plötzlich einen Einfall. „Ich kann einen Regenwurm essen. Das kannst du nicht!“ Und wupps! hatte er den Regenwurm verschluckt. „Bravo, Albin!“, riefen die Albinisten. „Stig kann auch einen Regenwurm essen!“, schrien die Stiglinge und begannen sofort nach einem Regenwurm für Stig zu suchen. Stig wurde etwas blass um die Nase. Es schien, als sei Regenwurm nicht gerade sein Lieblingsgericht. Aber seine Anhänger hatten einen unter einem Stein gefunden und brachten ihn an. „Du wagst es nicht, du Feigling“, sagte Albin. Da aß Stig den Regenwurm auf. Aber danach verschwand er hinter einem Baum. Langsam kam er wieder und sah sehr überlegen aus. „Regenwurm essen kann jeder Rotzjunge. Aber ich bin vom Holzbudendach gesprungen. *Den* Rekord brichst du nicht.“

Texte vorlesen II

1 a) Lies im Sprachbuch den Tipp auf Seite 52.
b) Bereite den Text für einen Lesevortrag vor.

2 Kennzeichne auch in den vorausgehenden Textabschnitten (Seite 7), wie du die wörtlichen Reden sprechen willst.

Das Ende der Mutprobe

„Ich springe sogar vom Kuhstalldach", sagte Albin. Aber ihn fröstelte, als er es sagte. „Bravo, Albin!", riefen die Albinisten. „Das wagt er nie", sagten die Stiglinge. Die Leiter wurde zum Giebel des Kuhstalldaches geschleppt. (…) Albin kletterte mit zitternden Knien die Leiter hinauf. Er stand auf dem Kuhstalldach. Er sah in die Tiefe. (…) „Er hat Angst!", schrie Stig triumphierend. „Zeig es ihm!", schrien die Stiglinge. „Spring du vom Kuhstalldach, dann kann er da oben mit seiner Schande stehen bleiben." (…) Da kletterte Stig auch auf das Dach. „Rotzbengel", sagte Albin freundlich zu ihm. „Rotzbengel bist du selber", sagte Stig. Dann sah er herunter und sagte eine Weile gar nichts mehr. „Spring, Albin!", schrien die Albinisten. „Spring, Stiggi! Dann lernt Albinchen sich schämen", gaben die Stiglinge den Stich zurück. Stig und Albin schlossen die Augen. Zusammen taten sie den Sprung in die Tiefe. (…) Danach lagen sie nebeneinander, jeder in seinem Krankenhausbett, und sahen eigensinnig jeder in seine Richtung. Aber, wie es so war, bald schielten sie sich an und begannen zu kichern, trotz ihrer gebrochenen Beine. Dann lachten sie lauter und lauter, bis man es schließlich im ganzen Krankenhaus hören konnte. Und dann sagte Albin: „Wozu war das eigentlich gut – vom Kuhstalldach zu springen?" Und Stig lachte so laut, dass er beinahe nicht sprechen konnte. „Du, Albin", sagte er, „wozu haben wir eigentlich die Regenwürmer aufgegessen?"

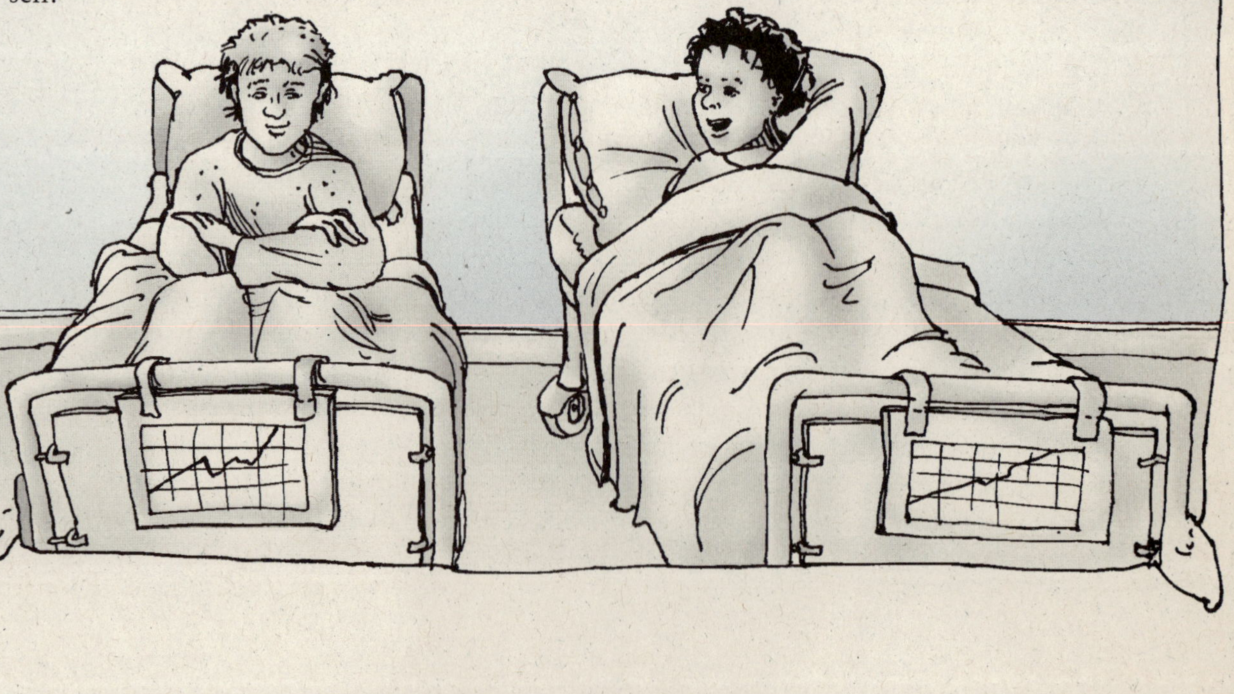

Texte vorlesen III

1 Bereite den Text zum Vorlesen vor. Berücksichtige dazu die Checkliste in deinem Sprachbuch auf Seite 53.

Am schlimmsten ist der Mensch

Elke Kahlert

„Natürlich“, sagte das Kaninchen und nickte eifrig mit dem Kopf, „natürlich fürchte ich mich vor der Schlange.“

„Ich auch“, piepste die Maus. „Und wie!“

„Vor der Schlange?“ fragte das Kaninchen.

„Klar“, sagte die Maus, „aber mehr noch vor der Katze. Katzen sind was Schreckliches.“

„Ich verstehe euch nicht“, meinte die Gazelle, „Katzen und Schlangen! Wie man sich davor fürchten kann! Ich sage euch, am schlimmsten ist der Löwe.“

„Ach, der Löwe“, sagte die Maus und verzog ihre Schnauze, „vor dem Löwen hab’ ich eigentlich kaum Angst. Für den bin ich zu klein, der sieht mich ja überhaupt nicht. Es sei denn, er ist furchtbar hungrig, und ich tanz’ ihm direkt vor der Nase herum. Na, blöd werd’ ich sein. Nö, ich finde Löwen ganz nette Tiere.“

„Du hast vielleicht eine Ahnung“, sagte die Gazelle und probierte auf drei Beinen zu stehen.

„Du“, fragte da das Kaninchen, „gibt’s eigentlich irgendein Wesen, vor dem sich auch der Löwe fürchtet?“

Alle drei dachten angestrengt nach.

„Ich hab’s“, rief das Kaninchen und nickte eifrig mit dem Kopf, „ich glaube, der Löwe fürchtet sich vor den Menschen.“

„Und der Mensch?“ fragte die Gazelle, die jetzt wieder auf vier Beinen stand. „Vor wem fürchtet sich der Mensch?“

„Vor mir“, sagte die Maus nach einer kleinen Pause.

Sie fand sich plötzlich riesig.

Zu einer Bildergeschichte erzählen

1 **a)** Was für eine Handlung ergibt sich aus den Bildern?
b) Wie könnte der Ausflug enden?
c) Überlege, welche Personen in deiner Geschichte vorkommen, und gib ihnen Namen.
d) Schreibe zu den Bildern deine Geschichte. Was denken und sprechen die Personen?
e) Verwende passende Verben und Adjektive.

2 Auch die folgenden Bilder können Auslöser für eine Geschichte sein.

Eine Fantasiegeschichte schreiben

Hell spiegelte sich das Sonnenlicht in den dunkel getönten Scheiben des neuen Hauses in unserem Stadtteil. Es stand einfach da, groß und weitläufig, und man konnte nicht durch die Scheiben ins Innere blicken. Ich war noch nie drin und ich kannte auch niemanden, der schon einmal in dem Haus gewesen wäre. Denn vor der Eingangstür, die ebenfalls aus getöntem Glas bestand, hielt sich immer ein grimmig dreinblickender Wächter in einer schwarzen Uniform auf. Der würde niemanden durchlassen!
Doch als ich heute bei dem Haus um die Ecke bog, war der Platz vor dem Eingang leer. Neugierig trat ich näher. Sollte ich? Das war vielleicht die Chance!
Rasch lief ich zur Tür, aber ich fand weder eine Türklingel noch einen Öffner. Doch da! Plötzlich glitten die beiden Türflügel auf und ich huschte ins Innere. Mein Herz klopfte mir bis zum Hals. Ich blickte mich um. Nichts – keine Menschenseele. Alles glänzte und spiegelte so wie draußen. Was nun?
Mir gegenüber war die Wand halbkreisförmig gebogen und mehrere Türen führten offensichtlich in dahinter liegende Räume. Ich rannte auf eine Tür zu, drückte die Türklinke und …

1 So beginnt eine Geschichte, von der wir noch nicht wissen, wie sie weitergeht.
Gib in Stichpunkten an, was du in den drei Abschnitten erfährst.

2 Stelle dir die Person vor, die in der Ich-Form erzählt. Was erfährst du von ihr? Was könntest du über sie vermuten? Male dir aus, wer sie ist, wie sie ist.

3 Setze die Geschichte fort.
Vielleicht fällt dir eine eigene Fortsetzung ein …
Du kannst aber auch eine der folgenden Fortsetzungen aussuchen und sie weiterschreiben.

A … öffnete die Tür. Mir gegenüber stand ein kleines, silbern glänzendes Männchen. Nein, kein Männchen. Ein Roboter empfing mich und begleitete mich bei meinem Rundgang durchs Haus. …

B … öffnete die Tür. Da war nichts als gähnende, schwarze Leere. Als sich meine Augen an die Dunkelheit gewöhnt hatten, erkannte ich eine Vielzahl schwach blinkender Sterne und im Vordergrund stand majestätisch ein Raumschiff. Schon löste sich ein Raumgleiter und kam auf mich zu. …

Überlege, wie deine Geschichte weitergehen soll:
- Was erlebt deine Hauptperson?
- Passiert etwas Überraschendes?
- Treten neue Personen auf?
- Wie endet deine Geschichte?
- Welche Überschrift kannst du deiner Geschichte geben?

Erstelle dir auf einem Zettel einen Plan. Deinen Erzählplan kannst du in Stichworten aufschreiben oder du kannst ein Cluster anfertigen.

- sprechender Roboter
- jedes Zimmer anders
- wie in einer fremden Welt

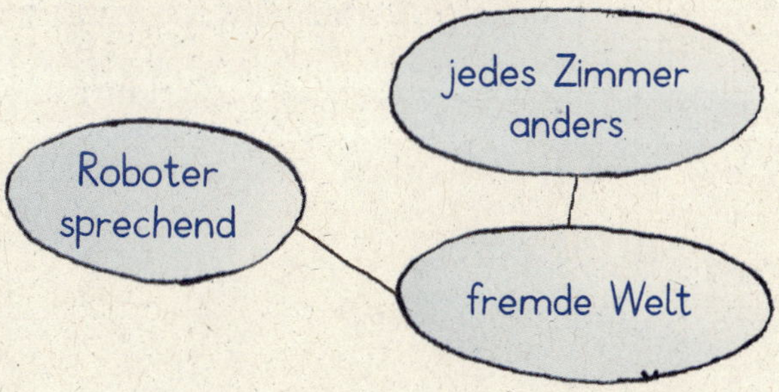

4 Schreibe nun die Geschichte. Denke daran, am Schluss die Rechtschreibung zu überprüfen.

Texte überarbeiten I

1 Hier hat ein Schüler angefangen seinen Aufsatz zu überarbeiten. In der Erzählung findest du noch weitere Stellen, die korrigiert werden müssen. Lies die Info in deinem Sprachbuch auf Seite 72 und überarbeite die Erzählung.

Achtung, Fehler!

Woran ich nicht gerne zurückdenke

In der letzten Woche hatte ich Geburtstag Doch leider verlief der Tag anders, als ich ihn mir vorgestellt hatte. Als ich morgens ins Wohnzimmer kam, ~~traue~~ traute ich meinen Augen kaum: Vor mir stand ein ~~cooles~~ tolles Mountainbike. Natürlich [1] ich [3] wollte [2] es [4] sofort ausprobieren. Meine ersten Fahrversuche ~~mußte~~ musste wohl auch unser neugierige Nachbar, Herr Kolle, beobachtet haben, der plötzlich in Garten erschien. ~~Ich kann Herrn Kolle nicht ab~~ *1. Denn, wo er auftaucht, endet es meistens im Chaos. Ein tolles Fahrrad!, sagte er, So eins hätte ich als Kind auch gern einmal gehabt, ~~sagte~~ meinte er. Ohne mich zu fragen fragte mein Vater daraufhin Na, Herr Kolle, wollen Sie vielleicht auch eine Runde drehen? Darauf hatte er fermutlich gewartet, denn begeistert reißt er das Rad an sich und war kurz darauf um die nächste Ecke verschwunden. Ich war sauer. Nach einer Viertelstunde war er immer noch nicht wieder da. Erst eine halbe Stunde später tauchte von weitem ein Person auf, die wir bald als dem humpelnden Herrn Kolle erkannten. Herr Kolle hatte nicht gewusst, dass das Mountainbike keine Rücktrittbremse besaß, und war daher bergab in einen nahe gelegenen Ententeich gerast. Zerknirscht übergab mir unser Nachbar das Rad, das von oben bis unten mit Schlamm überdekt war und zudem im Vorderad eine Acht aufwies. So hatte ich mir nicht vorgestellt meinen Geburtstag.

*1 Ich mag Herrn Kolle nicht.

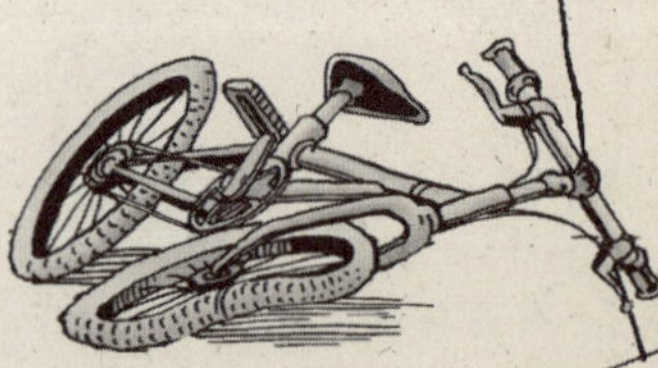

Texte überarbeiten II

1 Überarbeite den Text mithilfe der Checkliste in deinem Sprachbuch auf Seite 73.

Achtung, Fehler!

Woran ich gerne zurückdenke

An einen schönen Sommertag traf ich mich nachmittags mit zwei Freundinnen. Uns war langweilig und so überlegten wir, wie wir den Rest des Tages verbringen wollten. Schon bald fallen uns die tollsten Streiche ein. Meike schlug vor: „Wie können doch bei Frau Schmidt die Wäsche von der Leine nehmen und verstecken“ Doch das lehnten wir alle ab. Dann aber kommen wir auf eine superstarke Idee: Wir besorgten uns einen alten Schuhkarton und füllten diesem mit Kaninchenmist. Sorgfältig wickelten wir um den Karton Geschekpapier und eine Schleife. Dann legten wir das scheinbare Geschenk auf einen Radfahrweg. Hinter einer Hecke beobachteten wir das weitere Geschehen. Schon bald kam unserer erstes Opfer. Es war unser Nachbarsohn Udo Müller, der neugierig vom Rad stieg und das Paket genau betrachtete Schließlich blickte er einmal nach links und nach rechts, dann er lud das Paket auf seinen Gepäckträger und sauste mit dem Pakert davon. War das eine Gaudi! Erst am nächsten Tag erfuhren wir, dass Udo das Paket neugierig beim Abendessen ausgepackt hatte. Udo und seine Eltern fanden das nicht so witzig. Seine Mutter beschwerte sich daraufhin bei meinen Eltern, weil sie wusste natürlich, wer im Umkreis eine Kaninchenzucht besaß. Obwohl meine Mutter mit mir schimfte, denke ich gern an diesen Streich zurück, denn wir hatten einen Mordspaß.

Über Ereignisse berichten

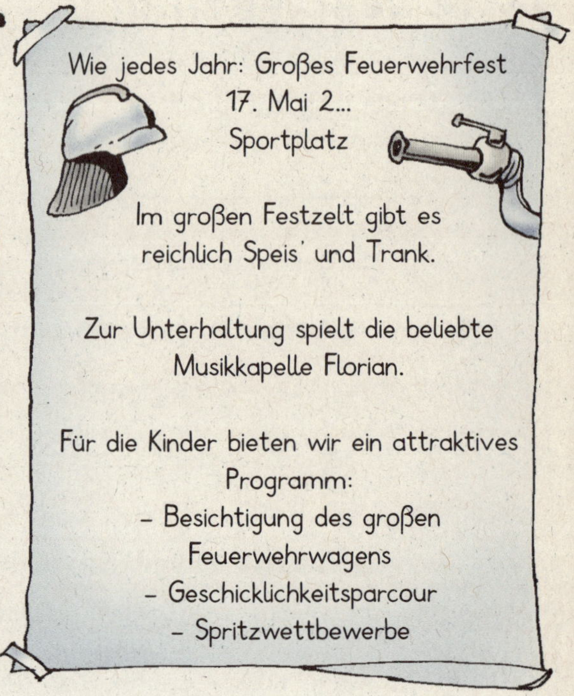

1 Um über ein Feuerwehrfest zu berichten, musst du dir zu den W-Fragen Notizen machen. Schau dir dazu die Zeichnung an und ergänze sie durch selbst erdachte Angaben.

Was für ein Fest? ______________________

____

Wann? ______________________

____

Wo? ______________________

____

Wer hat das Fest organisiert? ______________________

____

2 Lege durch Ziffern auf deinem Notizzettel fest, in welcher Reihenfolge du berichten willst.

Welche Attraktionen? ______________________

____

____

Wie viele Besucher? ______________________

____

Wie war die Stimmung? ______________________

____

____

3 Schreibe einen zusammenhängenden Bericht in dein Heft. So kannst du anfangen:
Am 17. Mai fand heuer unser Feuerwehrfest statt. Das große Festzelt war auf dem Sportplatz aufgebaut …

4 Du kannst auch über ein Straßenfest, einen Markttag oder einen „Tag der offenen Tür" berichten.

Wege beschreiben

1 Nimm einen Bleistift zur Hand und suche den Weg aus dem Labyrinth.

2 Beschreibe in deinem Heft den Weg aus dem Labyrinth. Berücksichtige dabei wichtige Orientierungspunkte, z.B.
Gehe durch die Öffnung am Start und wende dich am Springbrunnen nach links.

Einen literarischen Text beschreiben I

Hannes fehlt

Ursula Wölfel

Sie hatten einen Schulausflug gemacht. Jetzt war es Abend und sie wollten mit dem Bus zur Stadt zurückfahren. Aber einer fehlte noch. Hannes fehlte. Der Lehrer merkte es, als er die Kinder zählte.

„Weiß einer etwas von Hannes?“, fragte der Lehrer.

Aber keiner wusste etwas. Sie sagten: „Der kommt noch.“

Sie stiegen in den Bus und setzten sich auf ihre Plätze.

„Wo habt ihr ihn zuletzt gesehen?“, fragte der Lehrer.

„Wen?“, fragten sie. „Den Hannes? Keine Ahnung. Irgendwo. Der wird schon kommen.“

Draußen war es kühl und windig, aber hier im Bus hatten sie es warm. Sie packten ihre letzten Butterbrote aus.

Der Lehrer und der Busfahrer gingen die Straße zurück. Einer im Bus fragte: „War der Hannes überhaupt dabei? Den hab’ ich gar nicht gesehen.“

„Ich auch nicht“, sagte ein anderer.

Aber morgens, als sie hier ausstiegen, hatte der Lehrer sie gezählt und beim Mittagessen im Gasthaus hatte er sie wieder gezählt und dann noch einmal nach dem Geländespiel. Da war Hannes also noch bei ihnen.

„Der ist immer so still“, sagte einer.

„Von dem merkt man gar nichts.“

„Komisch, dass er keinen Freund hat“, sagte ein anderer, „ich weiß noch nicht einmal, wo er wohnt.“

Auch die anderen wussten das nicht.

„Ist doch egal“, sagten sie.

Der Lehrer und der Busfahrer gingen jetzt den Waldweg hinauf. Die Kinder sahen ihnen nach.

„Wenn jetzt dem Hannes was passiert ist?“, sagte einer.

„Was soll denn passiert sein?“, rief ein anderer. „Meinst du, den hätte die Wildsau gefressen?“

Sie lachten. Sie fingen an sich über die Angler am Fluss zu unterhalten, über den lustigen alten Mann auf dem Aussichtsturm und über das Geländespiel. Mittenhinein fragte einer: „Vielleicht hat er sich verlaufen? Oder er hat sich den Fuß verstaucht und kann nicht weiter. Oder er ist bei den Kletterfelsen abgestürzt?“

„Was du dir ausdenkst!“, sagten die anderen. Aber jetzt waren sie unruhig. Einige stiegen aus und liefen bis zum Waldrand und riefen nach Hannes. Unter den Bäumen war es schon dunkel. Sie sahen auch die beiden Männer nicht mehr. Sie froren und gingen in den Bus zurück.

Keiner redete mehr. Sie sahen aus den Fenstern und warteten. In der Dämmerung war der Waldrand kaum noch zu erkennen.

Da kamen die Männer mit Hannes. Nichts war passiert. Hannes hatte sich einen Stock geschnitten und dabei war er hinter den anderen zurückgeblieben. Dann hatte er sich etwas verlaufen. Aber nun war er wieder da, nun saß er auf seinem Platz und kramte im Rucksack. Plötzlich sah er auf und fragte: „Warum seht ihr mich alle so an?“

„Wie? Nur so“, sagten sie. Und einer rief: „Du hast ganz viele Sommersprossen auf der Nase!“ Sie lachten alle, auch Hannes. Er sagte: „Die hab’ ich doch schon immer.“

Einen literarischen Text beschreiben II

1 Lies den Text *Hannes fehlt* auf Seite 16 durch.

2 Überlege, um welche Art von Text es sich handelt. Kreuze die richtige Antwort an.

Gedicht	☐	Sachtext	☐
Krimi	☐	Märchen	☐
Erzählung	☐	Schwank	☐

3 **a)** Um den Kerninhalt des Textes zu formulieren, musst du den Text zusammenfassen. Lies dazu die Geschichte noch einmal durch und markiere wichtige Stellen.
b) Fasse den Kerninhalt der Geschichte in drei bis vier Sätzen zusammen.

Sie hatten einen Schulausflug gemacht. Jetzt war es Abend und sie wollten mit dem Bus zur Stadt zurückfahren. Aber einer fehlte noch. Hannes fehlte. Der Lehrer merkte es, als er die Kinder zählte. „Weiß einer etwas von Hannes?“, fragte der Lehrer. Aber keiner wusste etwas.

4 **a)** Schau dir die Gestaltung des Textblattes noch einmal genau an. Lies dazu die Info im Sprachbuch auf Seite 81.
b) Überprüfe, um welche Art von Illustration es sich handelt.
c) Notiere deine Feststellungen in Stichpunkten.
d) Welche Aufgabe hat die Illustration?
Soll sie
- abbilden,
- ergänzen,
- erklären,
- veranschaulichen?

5 Schreibe die vollständige Beschreibung der äußeren Form (Schriftbild und Illustration) in dein Heft.

Merkmale von Sachtexten beschreiben

Unterwegs für Tiere und Umwelt

„Tierschutz zum Anfassen“ nennt sich ein Projekt des Deutschen Tierhilfswerks, bei dem sich junge Tierfreunde zwischen zehn und fünfzehn Jahren auf einer gemeinsamen Reise für Tiere engagieren können.
Im letzten Jahr ging die Reise zum Beispiel nach Hannoversch-Münden. Die dortige Jugendherberge war Basislager und Ausgangspunkt für tägliche Ausflüge, zum Beispiel in ein Tierheim, in dem die Jugendlichen von den Schicksalen der vielen ausgesetzten Tiere erfuhren. Es war ganz klar, dass die Gruppe gern mit anpackte und beim Säubern der Hundeboxen und Katzenklos half.
Neben einem Tag auf einem Ökobauernhof und einer Waldwanderung gehörte auch der Besuch des Bärenparks in Worbis zu den Höhepunkten. Im ehemaligen Tierpark in Worbis finden Bären, die zuvor unter qualvollen Bedingungen in Zoos oder als Zirkusattraktionen gehalten wurden, ein artgerechtes Zuhause. Dort wohnt auch die 20-jährige Braunbärendame Mischka. Früher fristete sie in einem Zoo, dem das Geld ausgegangen war, ein erbärmliches Dasein in einem nur 15 Quadratmeter großen Käfig. Der Boden dort war betoniert und die einzige Abwechslung boten ein paar alte Autoreifen. Schließlich wurden Tierschützer auf Mischka aufmerksam, kauften sie frei und brachten sie nach Worbis.
Neben schönen Erinnerungen und einer selbst gemachten Zeitung über ihre Erlebnisse nahmen die Teilnehmer auch viele Ideen mit nach Hause, wie sie Tieren helfen können.

nach: Das große Jugendbuch, Das Beste, 1999

1 Lies den Text konzentriert durch.

2 Bestimme die Textart. Lexikonartikel ☐ Erzählung ☐ Sachtext ☐ Brief ☐

3 Um den Text zu beschreiben musst du den Kerninhalt erarbeiten.
a) Markiere wichtige Stellen.
b) Fasse diese Stellen in deinem Heft in zwei Sätzen zusammen.
Du kannst so anfangen:
In dem Text „Unterwegs für Tiere und Umwelt“ geht es um ein Projekt ...

4 a) Betrachte die äußere Form des Textes. Lies dazu in der Info im Sprachbuch auf Seite 81 nach, welche Merkmale du berücksichtigen musst.
b) Halte die Ergebnisse deiner Betrachtung in Stichworten fest.
c) Beschreibe in deinem Heft die äußere Form des Textes.

Einen Brief schreiben

1 **a)** Suche dir aus den Vorschlägen rechts einen Anlass für einen Brief aus. Du kannst dir auch selbst einen Anlass ausdenken.
b) Trage deinen Brief in die Vorlage ein.

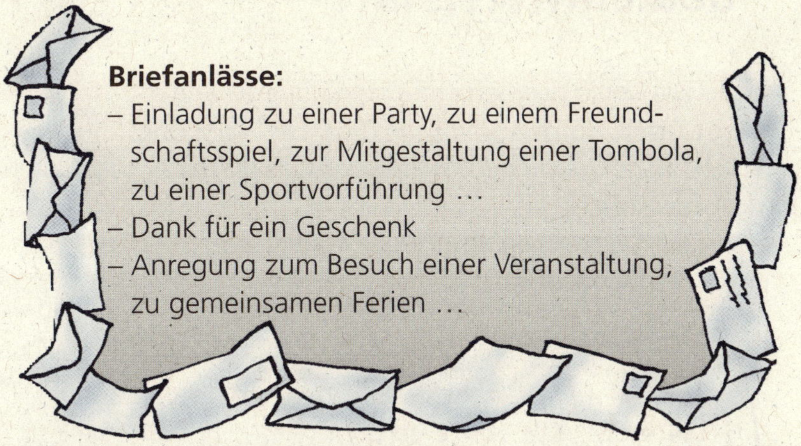

Briefanlässe:
- Einladung zu einer Party, zu einem Freundschaftsspiel, zur Mitgestaltung einer Tombola, zu einer Sportvorführung …
- Dank für ein Geschenk
- Anregung zum Besuch einer Veranstaltung, zu gemeinsamen Ferien …

Rand:
an allen Seiten ca. 3 cm

Datum: z. B. *12. Juni 2001*

Anrede:
z. B. *Hallo* oder *Liebe(r)*
Komma nach der Anrede

Leerzeile zwischen Anrede und Text; im Text bei Absätzen und vor dem Gruß

nach dem Komma der Anrede Text mit Kleinschreibung beginnen

Gruß ohne Satzzeichen

Gedichtwerkstatt

1 Die Verse des Gedichtes sind durcheinander gewürfelt worden. Versuche es in seine urspüngliche Form zu bringen. Helfen können dir dabei :
- der Inhalt,
- die Satzzeichen am Ende eines Verses,
- die Reimformen.

Noch ein kleiner Tipp: Die Anzahl der Verse ist in allen Strophen des Gedichtes gleich. Verbinde durch Linien die Zeilen, die aufeinander folgen.

Ein Gedicht vortragen

1 Bereite das Gedicht für einen Vortrag vor.
Berücksichtige die Checkliste.

Zauberspruch

Mirjam Pressler

Wenn schräg tagnachts der Klubu schreint
Und lasch der Lamenturo weint,
die Warzenwogen schlingen,
dann will ich wallewalle wingen.
Wenn aus dem Wald der Wodu wiebelt,
der Hodudodu sich bekriebelt,
die Sagabundas ächzkrächz singen,
dann will ich wallewalle wingen.
Und wenn der Nebuloso schleift
Und Akakazias heiß bereift,
die Wiebelkiebel klingen,
dann will ich wallewalle wingen.

CHECKLISTE

Lebendig und anschaulich vortragen

- Plane angemessene Sprechpausen ein.
  (Kennzeichnung: / für kurze Pause, // für lange Pause)
- Betone besonders wichtige Wörter. (Kennzeichnung durch Unterstreichen)
- Passe die Tonlage der jeweiligen Situation an. Beachte dabei Lesetempo, Lautstärke und Stimmung.
  (Kennzeichnung durch passende Randbemerkungen)
- Prüfe, ob du deinen Lesevortrag durch Mimik und Gestik unterstützen kannst.

Ein Gedicht spielen

1 Aus diesem Gedicht kann man eine Spielszene machen.

a) Klärt in Partnerarbeit, wer welche Textstelle spricht, und schreibt es auf.

b) Überlegt, in welcher Situation und wie diese Szene gesprochen werden soll. Bringt dies durch treffende Gestik und Mimik zum Ausdruck. Erraten die Zuschauer, welche Situation ihr euch überlegt habt?

Wer spricht?

1. Person

Wie?

(fragend)

eulen

Ernst Jandl

bist eulen
ja
bin eulen
ja ja
sehr eulen

bist auch eulen
ja
bin auch eulen
sehr eulen
ja ja

will aber nicht mehr eulen sein
bin schon zu lang eulen gewesen

will auch nicht mehr eulen sein
bin auch schon zu lang eulen gewesen

ja
mit dir da
mit dir da auch
bin nicht mehr eulen ja
bin nicht mehr eulen auch
ja ja
ja ja auch

doch wer einmal eulen war
der wird eulen bleiben immer
ja

ja ja

Merkmale von Märchen bestimmen

1 Woran kannst du erkennen, dass es sich bei dem Text um ein Märchen handelt? Lies dazu die Info im Sprachbuch auf Seite 106. Unterstreiche im Text die typischen Merkmale.

Prinzessin Mäusehaut

Ein König hatte drei Töchter; da wollte er wissen, welche ihn am liebsten hätte, ließ sie vor sich kommen und fragte sie. Die älteste sprach, sie habe ihn lieber als das ganze Königreich; die zweite, als alle Edelsteine und Perlen auf der Welt; die dritte aber sagte, sie habe ihn lieber als das Salz. Der König war aufgebracht, dass sie ihre Liebe zu ihm mit einer so geringen Sache vergleiche, übergab sie einem Diener und befahl, er solle sie in den Wald führen und töten.

Wie sie in den Wald gekommen waren, bat die Prinzessin den Diener um ihr Leben; dieser war ihr treu und würde sie doch nicht getötet haben, er sagte auch, er wolle mit ihr gehen und ganz nach ihren Befehlen tun. Die Prinzessin verlangte aber nichts als ein Kleid von Mäusehaut, und als er ihr das geholt, wickelte sie sich hinein und ging fort.

Sie ging geradezu an den Hof eines benachbarten Königs, gab sich für einen Mann aus und bat den König, dass er sie in seine Dienste nehme. Der König sagte es zu und sie solle bei ihm die Aufwartung haben. Abends musste sie im die Siefel ausziehen, die warf er ihr allemal an den Kopf. Einmal fragte er, woher sie sei. „Aus dem Lande, wo man den Leuten die Stiefel nicht um den Kopf wirft.“ Der König ward da aufmerksam, endlich brachten ihm die anderen Diener einen Ring; Mäusehaut habe ihn verloren, der sei zu kostbar, den müsse er gestohlen haben. Der König ließ Mäusehaut vor sich kommen und fragte, woher der Ring sei. Da konnte sich Mäusehaut nicht länger verbergen, sie wickelte sich von der Mäusehaut los, ihre goldgelben Haare quollen hervor und sie trat heraus, so schön, aber auch so schön, dass der König gleich die Krone von seinem Kopf abnahm und ihr aufsetzte und sie für seine Gemahlin erklärte.

Zu der Hochzeit wurde auch der Vater der Mäusehaut eingeladen, der glaubte, seine Tochter sei schon längst tot, und erkannte sie nicht wieder. Auf der Tafel aber waren alle Speisen, die ihm vorgesetzt wurden, ungesalzen, da ward er ärgerlich und sagte: „Ich will lieber nicht leben als solche Speise essen!“ Wie er das Wort ausgesagt, sprach die Königin zu ihm: „Jetzt wollt ihr nicht leben ohne Salz und doch habt Ihr mich einmal wollen töten lassen, weil ich sagte, ich hätte Euch lieber als Salz!“ Da erkannte er seine Tochter und küsste sie und bat sie um Verzeihung und es war ihm lieber als sein Königreich und alle Edelsteine der Welt, dass er sie wiedergefunden.

Märchen selbst erfinden

1 Die folgenden fünf Textstellen stammen aus dem Märchen „Der Teufel mit den drei goldenen Haaren" von den Brüdern Grimm.

a) Lies dir die Textabschnitte sorgfältig durch.

b) Entwirf mit den Textabschnitten ein neues Märchen.
Entwickle stichpunktartig einen Erzählplan.

c) Schreibe das Märchen in dein Heft.

> Es war einmal eine arme Frau, die gebar ein Söhnlein. Dem Glückskind wurde geweissagt, es werde die Tochter des Königs zur Frau haben.

> „Wer meine Tochter haben will, der muss mir aus der Hölle drei goldene Haare vom Kopf des Teufels holen."

> Endlich fand er den Eingang zur Hölle. Der Teufel war nicht zu Hause.

> Er bedankte sich und verließ die Hölle.

> Endlich traf er bei seiner Frau ein, die sich herzlich freute. Dem König brachte er, was er verlangt hatte: die drei goldenen Haare des Teufels.

Eulenspiegelgeschichte als Comic gestalten

1 Überlege, wie du die Eulenspiegelgeschichte in deinem Sprachbuch, Seite 110 als Comic gestalten kannst. Lege durch die Bilder die wichtigsten Handlungsschritte fest. Gib in Sprechblasen den Text so wieder, dass die Pointe verständlich ist.

①

③

⑤

⑥

Merkmale eines Schwanks bestimmen

Nasreddin lässt sich nicht foppen

Ein junger Mann ohne Erfahrung hatte sich auf einer Reise eine kleine Auswahl chinesischen Porzellans gekauft. Im Hafen angelangt und eben im Begriff sich auszuschiffen, fasste er den Plan, sein Porzellan wegtragen zu lassen, ohne den Träger für seine Mühe zu bezahlen. Er traf dabei auf Nasreddin und sagte zu ihm: „Wenn du mir diesen Pack in meine Karawanserei* trägst, so werde ich dir drei gute Ratschläge geben."
„Einverstanden", antwortete Nasreddin dem schlauen Gesellen.
Er nahm die Last auf und trug sie in die Karawanserei. Als er dort ein paar Stufen emporgestiegen war, sagte er: „Nun höre ich." Der andere sagte: „Wenn man dir sagt, dass der Hunger dem Sattsein vorzuziehen ist, so glaube es nicht."
„Ich verstehe", sagte der Hodscha** und ging wieder ein paar Stufen weiter. Dann sagte er:

„Was hast du mir noch zu sagen?" „Wenn man dir sagt, Armut sei besser als der Reichtum, so glaube es nicht."
Nasreddin ging weiter und bat ihn nach einigen Stufen wieder zu sprechen. „Zum Dritten: Wenn man dir sagt, dass es besser ist, zu Fuß zu gehen als zu reiten, so glaube es nicht. Das sind die Ratschläge, die ich dir geben wollte."
Nasreddin stieg die Treppe vollends hinauf und als er ganz oben war, warf er seine Last hinunter. Der junge Mann schrie: „Was machst du da?" Und der Hodscha sagte: „Wenn man dir sagt, dass in dem Pack da ein einziges Stück heil und ganz geblieben ist, so glaube es nicht."

* *Reiseunterkunft an einer Karawanenstraße*
** *Geistlicher, Lehrer, Meister*

1 Bei dem Text handelt es sich um einen Schwank. Belege die folgenden Merkmale mit jeweils einem Satz.

Was bringt dich zum Lachen?

Welche menschliche Schwäche wird dargestellt?

Worin besteht die Pointe?

2 Formuliere im Heft drei andere „gute" Ratschläge.

3 Denke dir eine weitere Möglichkeiten aus, wie du auf die drei „Ratschläge" des Reisenden reagieren könntest, und schreibe sie auf.

Das Nomen in vier Fällen I

1 a) Setze in die Lücken passende Nomen ein.
b) Überprüfe, in welchem Fall (Kasus) die Nomen jeweils stehen. Nimm dazu die Info im Sprachbuch auf Seite 124 zu Hilfe.

Machen Sie Urlaub bei uns!!!

Wissen Sie, wo Sie in diesem Jahr __________________ verbringen?

Alle Tage __________________ sollten Sie bei uns buchen!

Wir sorgen dafür, dass Sie sich in __________________ nicht langweilen.

__________________ wird für Sie unvergesslich werden.

Hier die Vorzüge unseres Hotels:

- ________________ liegt direkt neben der allseits bekannten Kläranlage.
- Der Ruf ________________ geht weit über die Stadtgrenze hinaus. (Dafür sorgen die täglichen Fehlalarme der Sirene.)
- Die Liebe zum Tier gibt ________________ eine besondere Note. (Mäuse fühlen sich bei uns sehr wohl.)
- Auch einzelne Hausdiebe haben ________________ kennen und schätzen gelernt.

2 Setze die Nomen in Klammern im richtigen Fall ein.

1. Sie sollten nicht __________________________ (FAHRSTUHL) benutzen.
   Darin wohnt ________________ (HUND) unseres Portiers.
2. Bitte geben Sie __________________ (KATZEN) nichts zu fressen.
   Sie sollen ________________ (MÄUSE) auf _______________________ (DACHBODEN) fangen.

Dem oder den? Den richtigen Artikel setzen

1 Schreibe auf die Schreiblinien die Ausdrücke in den Klammern richtig auf.

Der Hase und der Igel

An ______________________________ (ein schöner Sonntagmorgen) im Herbst ging der Igel im Feld spazieren. Dort traf er ____________________ (der Hase). Höflich wie er war, grüßte er ______________________________ (der vornehme Herr). Doch der hochmütige Hase gab ____________________ (der Igel) eine herablassende Entgegnung. Dies ärgerte natürlich ____________________ (der Igel), und er ließ seinerseits ____________________ (der Hase) eine passende Antwort zukommen. Zu allem Überfluss machte sich der Hase auch noch über die krummen Beine des Igels lustig. Schließlich einigte man sich auf __________________________ (ein Wettkampf), der erweisen sollte, wer denn nun die schnelleren Beine habe. Ihr alle kennt ____________________ (der Trick) des Igels: Er stellte seine Frau, die genauso wie er aussah, auf ____________________ (der Acker) an das Ende der Rennstrecke, einer Furche. Er selbst traf ____________________ (der Hase) am anderen Ende des Ackers und jeder von den beiden begab sich an ________________________ (der Startplatz). Dreiundsiebzig Mal raste Meister Lampe durch seine Furche und ebenso oft narrte das Igelpaar ____________________ (der Hase). Immer wenn er ans Ziel kam, trat ____________________ (der Hase) ein Igel entgegen. Sie beließen ihn während des ganzen Rennens in __________________________ (dieser Irrtum). Nach dem vierundsiebzigsten Lauf fiel der Hase tot um.

Personalpronomen einsetzen

1 Setze entweder die Nomen *(Katze, Maus, Mäuse, Petra)* oder passende Pronomen ein.

Petras Katze

Petra hat eine schöne schwarze Katze. ______________ wird von ______________ sehr geliebt. Oft leckt ______________ ______________ sogar aus lauter Freundschaft die Hand. Das mag ______________ aber nicht. ______________ zieht die Hand dann immer schnell zurück. Aber ______________ meint jedes Mal, das wäre eine Aufforderung zum Spielen. ______________ springt dann hoch erfreut um ______________ herum. Wenn ______________ sich schließlich doch auf das Spiel einlässt, ______________ am Nacken packt und am Bauch kitzelt, freut ______________ sich wie toll.

Aber ______________ ist immer wieder betrübt, dass ______________ diese niedlichen kleinen Mäuse umbringen muss. Erst fängt ______________ ______________, dann lässt ______________ ______________ scheinbar wieder frei. Aber im letzten Moment, kurz vor dem Mauseloch, schnappt ______________ ______________ dann wieder. Wenn ______________ das sieht, versucht ______________ ______________ die Beute abzujagen. Aber ______________ ist immer schneller als ______________ und saust mit ______________ im Maul auf und davon. Hinterm Haus verzehrt ______________ ______________ in aller Ruhe.

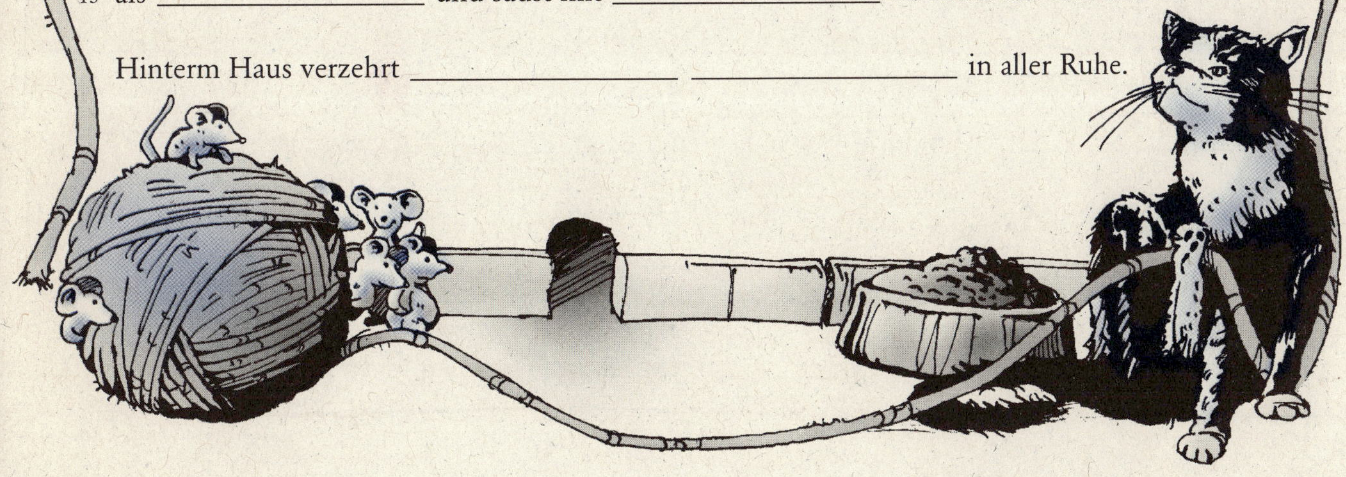

Possessivpronomen

1 Schreibe die passenden Pronomen auf die Doppellinie und beende die Sätze nach eigener Vorstellung.

Ich schenke meiner Mutter einen Blumenstrauß.

Er schenkt ________________________________

Ihr schenkt ________________________________

Du fängst ______________ Hamster wieder ein.

Wir fangen ________________________________

Sie fangen ________________________________

2 Setze die in Klammern stehenden Pronomen in der gebeugten Form ein.

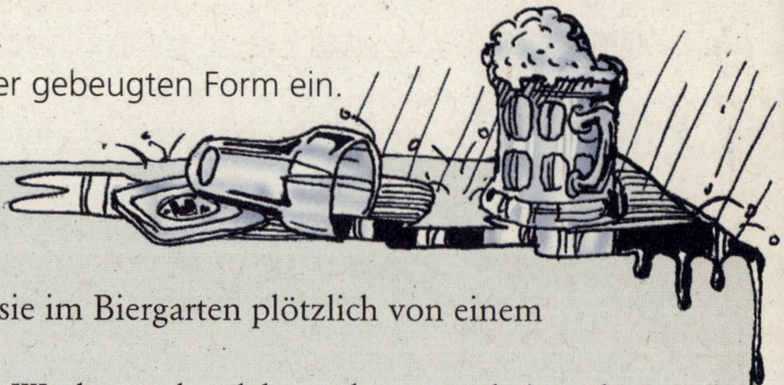

Nichts wie weg hier!

Weißt du, was ca. 300 Menschen machen, wenn sie im Biergarten plötzlich von einem Regenguss überrascht werden? Ich habe es letztes Wochenende erlebt und war anscheinend die Einzige, die es lustig fand. ______________ (Mein) Eltern sprangen auf und rafften ______________ (uns) Sachen zusammen. Am Nachbartisch stürzte ein Mann noch rasch ______________ (sein) Bier hinunter, bevor er ______________ (sein) Frau beim Aufräumen half. ______________ (Ihr) Kinder suchten in der Zwischenzeit ______________ (ihr) Spielzeug. Ein Junge rief verzweifelt nach ______________ (sein) Hund. Zwei Jugendliche sprangen auf ______________ (ihr) Fahrräder und radelten los. Nur gut, dass wir mit ______________ (uns) Auto da waren. Da rief ______________ (mein) Mutter uns schon zu: „Nehmt ______________ (euer) Beine in die Hand und rennt los!“ Doch auch der schnellste Sprint ______________ (mein) Lebens nützte nichts. Bis ich im Auto saß, war ______________ (mein) Kleidung vollkommen durchnässt.

Verben: Personal- und Zeitformen

1 Setze den folgenden Text ins Präteritum.
Beachte aber, dass die wörtliche Rede im Präsens stehen muss.
Trage die Verben in gebeugter Form in die Lücken ein.

Katja und Charly

„Du ______ (sehen) heute wieder blendend aus“, ______ (murmeln) Katja leise. Voller Stolz ______ (betrachten) sie Charly, ihren Goldhamster. Doch den kleinen Kerl ______ (beeindrucken) dies überhaupt nicht. Blitzschnell ______ (wirbeln) seine Pfötchen auf dem Laufrad im Kreis herum. „Ich ______ (sehen), du ______ (hören) mir wieder einmal gar nicht zu“, ______ (tadeln) sie ihn. „Aber du ______ (werden) schon sehen, ich ______ (bekommen) dich noch.“ Sie ______ (holen) eine Mohrrübe und ______ (halten) ihm ein Stückchen hin. Sofort ______ (springen) Charly an das Käfiggitter, als er die Köstlichkeit ______ (sehen). Doch Katja ______ (necken) ihn: „Verehrte Leute, ihr ______ (sehen) jetzt Charly mit seinem Mohrrübentanz.“ Und wirklich, beim Versuch, sein Lieblingsfutter zu ergattern, ______ (sich drehen) der putzige Hamster im Kreis herum. Nach einiger Zeit ______ (sich wenden) Katja wieder an ihre unsichtbaren Zuschauer: „Wie wir ______ (sehen), ______ (haben) sich Charly nun seine Leibspeise ______ (verdienen).“ Sie ______ (herausnehmen) ihn ______ auf ihre Hand und ______ (geben) ihm das Stückchen Rübe. Beide ______ (sehen) nun zufrieden aus.

Präsens und Präteritum

1 Ergänze die fehlenden Verben im Präteritum.

So ein Durcheinander

Gestern Morgen _______ (reißen) mich in meinem Körbchen lautes Türenschlagen aus dem Schlummer. Was _______________ (bedeuten) das schon wieder? Um mich herum _______________ (herrschen) eine entsetzliche Hektik. Alles _____________ (rennen) an mir vorbei. Sven _____________ (müssen) noch in aller Eile seine Hausarbeiten erledigen und _________ (finden) natürlich seinen Füller nicht. Dabei _______________ (jammern) er ganz schrecklich, bis seine Mutter sich _______________ (entschließen), ihm bei der Suche nach seinem Füller zu helfen. In dem Chaos _______ (laufen) die kleine Kathrin durch den Flur und _____________ (stolpern) über mich. Natürlich ___________ (bellen) ich wie verrückt. Statt mir zu helfen, _____________ (bekommen) ich einen Klaps mit der Zeitung, damit ich endlich _______________ (aufhören) zu bellen. Da _______ (sein) ich vielleicht sauer und _______________ (beschließen), mich unter das Bett von Frauchen zu verziehen. Die _____________ (sollen) mich ruhig suchen und vermissen.

2 Hier kannst du die Schreibung schwieriger Präsens- und Präteritumformen trainieren. Ergänze jeweils die fehlenden Formen in der dritten Person Singular.

Infinitiv	**Präsens**	**Präteritum**
wissen	er weiß	er wusste
lassen		
reißen		
schließen		
essen		

Präteritum, Perfekt, Plusquamperfekt

1 Ergänze jeweils die fehlenden Verbformen.

Präteritum	Perfekt	Plusquamperfekt
sie verschwanden	sie sind verschwunden	sie waren verschwunden
er bellte		
	ich bin gelaufen	
		du hattest geträumt
		ihr hattet gehofft
		wir waren gefahren

2 Präteritum oder Plusquamperfekt? Setze die richtige Zeitform ein.

Pech gehabt!

Emil __________ wie immer auf seinem alten Fahrrad die Post ________ (austragen). Nachdem er sein Fahrrad an einen Zaun __________________ (lehnen), __________ (gehen) er in ein Haus um die Briefe zu verteilen. Inzwischen __________ (kommen) ein Junge vorbei. Er __________ (halten) das alte Rad für sperrmüllreif und _______________ (montieren) den noch brauchbaren Sattel ab. Als Emil wieder aus dem Haus __________ (kommen), ________ (sehen) er den Jungen gerade noch um die Ecke biegen. Schnell __________ (laufen) er hinter dem Jungen her, nachdem er zuvor noch seine Tasche auf den Boden _____________________ (werfen). Es __________ (gelingen) ihm zwar seinen Sattel zurückzubekommen, doch noch ehe er sein Fahrrad wieder ____________________ (erreichen), __________ ein Sperrmüllauto ________ (vorfahren). Bevor Emil eingreifen __________ (können), __________ (werfen) die Männer das Rad schon ins Müllauto, wo es zermalmt wurde.

Zeitformen richtig einsetzen

1 Setze die richtige Zeitform ein.

Der Beginn des Lebens auf der Erde

Wie und wann das Leben auf der Erde __________________ (entstehen), __________ (sein) immer noch ungewiss. Biochemiker, die die chemischen Verbindungen und Prozesse des lebenden Organismus' __________________ (erforschen), ________________________ (übereinstimmen) im Großen und Ganzen darin __________________, dass die ersten Lebewesen wahrscheinlich vor drei Milliarden Jahren ___________________ (entstehen). Das __________ (sein) lange nach der flüssigen Phase der Erdgeschichte, zu einer Zeit, als die Zusammensetzung der Atmosphäre schon einigermaßen _________________ (feststehen). Sie __________ (sein) sich im Allgemeinen auch darüber einig, dass sich alle Lebewesen, Pflanzen und Tiere aus einem einzigen gemeinsamen Vorfahren ____________________ (entwickeln).

Als sich die Erde endgültig zu einer festen Kugel __________________ (verdichten), enthielt die Atmosphäre unterschiedliche Mengen chemischer Stoffe. Unter Ultraviolett-Bestrahlung der Sonne __________________ (zersetzen) sich das Wasser unaufhörlich in seine gasförmigen Bestandteile, Wasserstoff und Sauerstoff. Unter diesen Bedingungen __________________ (brauchen) sich nur eine einzige Form durchzusetzen und das Leben auf der Erde __________________ (beginnen).

Adjektive I

1 Gestalte die Erzählung lebendiger, indem du passende Adjektive einsetzt.

2 Wie geht das Abenteuer wohl aus? Schreibe die Geschichte in deinem Heft weiter.

Abenteuer auf der Burg

In der Nähe unseres Dorfes steht eine düstere Burg. Ihre Mauern sind schon verfallen. Aber es gibt noch einige Gänge, die in die Burg führen. Eines Tages kam mein Freund Ulli zu mir und zeigte mir eine Karte, auf der die Umrisse der Burg eingezeichnet waren. An einer Stelle war mit Farbe ein X aufgemalt und man konnte die Buchstaben Schatz entziffern. „Die Karte habe ich auf unserem Dachboden in einer Kiste entdeckt", erklärte Ulli seinen Fund. Wir nahmen unsere Räder und fuhren durch den Wald zur Burg. Als wir ankamen, war es schon später Nachmittag. Sofort suchten wir die angegebene Stelle. Dazu mussten wir einen Gang entlanggehen. Es roch. Auf einmal stießen wir auf eine Tür. Sie war nur angelehnt. Sollten wir weitergehen?

Adjektive II

1 In Werbetexten haben Adjektive eine besondere Bedeutung. Das hat die Firma in diesem Fall wohl aber vergessen.

a) Lies die Werbeanzeige.
b) Schreibe die Anzeige neu, indem du vor jedes Nomen ein möglichst passendes Adjektiv setzt.

Sprinti X

Den Mitarbeitern unserer Firma ist es gelungen, ein Gerät zu entwickeln, das überall einsetzbar ist. Die Bedienung macht es möglich, dass es für Männer, Frauen, Jungen und Mädchen geeignet ist. Durch die Beschichtung des Rahmens ist es auch draußen einsetzbar.
Das Gerät zeichnet sich durch sein Gewicht, seine Belastbarkeit und die Lebensdauer aus. Damit Sie lange daran Spaß haben, wurde bei der Entwicklung und Herstellung Wert auf Sicherheit und Qualität gelegt. Erhältlich ist es nicht nur in Sport- und Freizeitgeschäften, Sie können es auch über das Internet bestellen. Der Preis richtet sich nach Besonderheiten bei der Ausstattung oder des Designs.

Der Kauf bedeutet für Sie einen Schritt in die Zukunft, den Sie nie bereuen werden.

Satzglieder herausfinden

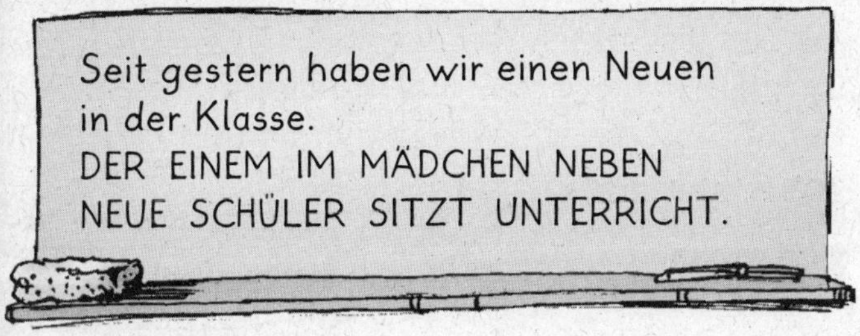

1 So beginnt eine Geschichte.

a) Finde heraus, wie der zweite Satz heißt.
Du solltest dabei aber keine Wörter weglassen, hinzufügen oder verändern.

b) Schreibe den Satz auf.

2 Du kannst den Satz auch anders beginnen. Es gibt noch zwei Möglichkeiten. Schreibe sie auf.

3 Vergleiche die drei Sätze. Welche Wörter bleiben beim Umstellen immer zusammen?
Umkreise sie in deinen Sätzen mit der gleichen Farbe.

4 Ordne ein, aus wie vielen Wörtern die gefundenen Satzglieder bestehen.

5 Ermittle durch Umstellen,
aus wie vielen Satzgliedern jeder Satz besteht.
Schreibe die Anzahl der Satzglieder auf.

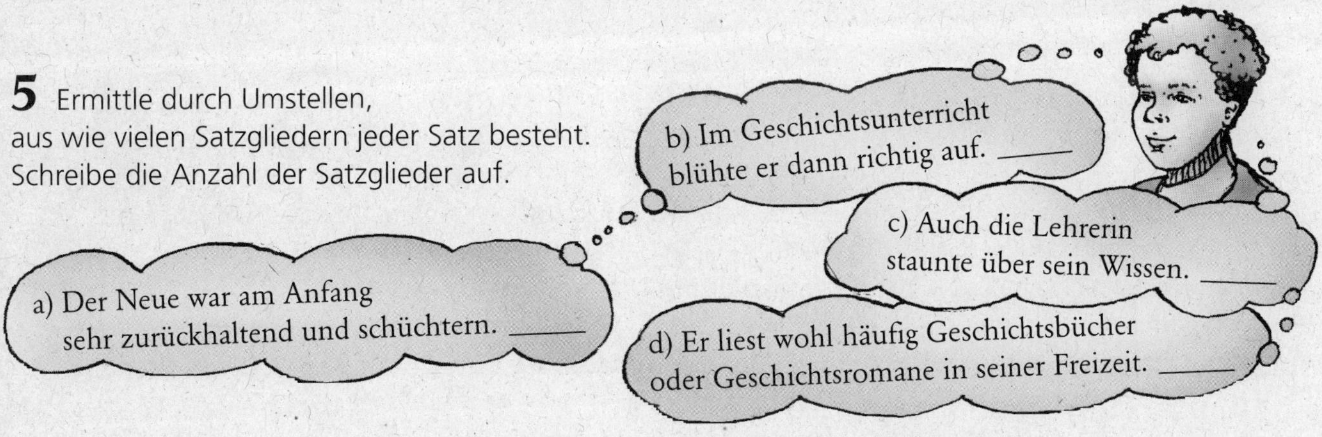

Prädikat I

1 **a)** Setze die fehlenden Satzglieder in die Lücken ein. Achte auf den Punkt am Satzende.

b) Lies die Spalten von oben nach unten. An welcher Stelle steht das Prädikat?

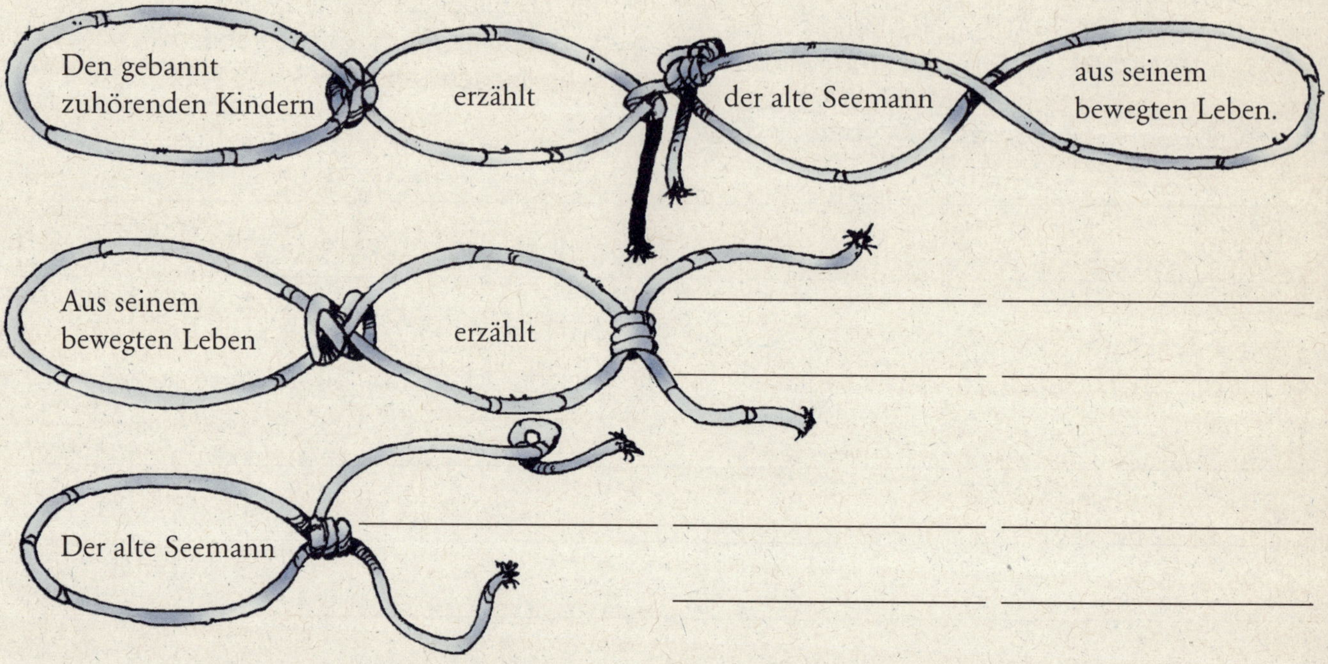

2 Stelle auch die folgenden Sätze zweimal um, vermeide aber Fragesätze. Prüfe, an welcher Stelle das Prädikat steht.

Bereits als Junge kam er auf ein Schiff.

Seine erste Reise führte ihn damals nach Südamerika.

3 Unterstreiche in den folgenden Sätzen das Prädikat. Du kannst es mit „Was tut der?" oder „Was tun die?" erfragen.

1. Jubelnd begrüßten die Einheimischen die Schiffsmannschaft.
2. Geschickt entluden die Packer das Schiff.
3. Die Mannschaft verließ das Schiff zum Landgang.
4. Sie feierten ihre Ankunft bis in die Nacht hinein.
5. Schon am nächsten Tag ging es weiter Richtung Kap Horn.

Prädikat II

Meisterdetektiv Nick ist schon wieder hinter einer Bande her.
Diese will ihn an der Nase herumführen und schickt ihm diesen Brief:

> Hallo, Mister Knatterton!
>
> Hier suchen sich der König der Unterwelt und seine Bande. Sie genießen uns immer noch? Erwarten Sie sich keine Mühe. Wir melden ein süßes Leben von den vielen tausend Dollarpäckchen. Nicht nur Essen und Wein machen vorzüglich. Auch der rote Ferrari, der schwarze Porsche und der lila Lamborghini führen uns eine tägliche Freude. Sie sind unsere Geldquelle, nicht? Mehrere Tunnel kennen uns inzwischen dorthin.
> Großer Meister, wir schmecken Sie.
> Die drei XXX

1 Von welcher Geldquelle, von welchen Tunneln ist hier die Rede? Kombiniere:
- Hier stimmt etwas nicht mit den Prädikaten. Unterstreiche in jedem Satz das Prädikat.
- Welches Prädikat gehört wohin?

2 Schreibe den Brieftext richtig auf. Jetzt kannst du den Inhalt des Briefes verstehen.

Subjekt I

1 Wie heißen in diesen Sätzen die Subjekte? Unterstreiche sie.

Im Zirkus

1. Der beleibte Zirkusdirektor begrüßt zu Beginn der Vorstellung das gespannte Publikum auf dem Balkon.
2. Danach spielt auf der Tribüne die bunt gekleidete Musikkapelle einen lauten Tusch.
3. Nach dem Musikstück führt ein kleines Mädchen die weißen Pferde herein.
4. Es hält die Tiere am goldfarbenen Halfter fest.
5. Ein lauter Trommelwirbel macht auf den Höhepunkt aufmerksam.
6. Jetzt stehen alle Pferde nur auf ihren Hinterhufen.
7. Die lustigen Clowns machen viele Späße.
8. Zum Schluss kommen alle nocheinmal in die Manege.

2 Ergänze das fehlende Subjekt oder das fehlende Prädikat.

Die Macht der Gewohnheit

Im letzten Jahr ________ ein Zirkus in unsere Stadt. Meine Schwester und ich ______________ die Vorstellung am Samstagnachmittag. Die Tiernummer mit einem großen Elefanten __________ uns ganz besonders. Bei einer bestimmten Melodie stellte sich __________________ auf ein kleines rotes Podest. Dann ließ _____ sich mit dem Hinterteil darauf nieder.

Als nach zehn Tagen __________________ wieder abreiste, passierte etwas Aufregendes. Um zum Bahnhof zu kommen, __________ die Zirkusleute mit den Tieren durch die Stadt. Der Elefant ________ gerade an einem knallroten VW-Käfer vorbei, als aus dem Autoradio die bekannte Melodie ertönte. _____ schaute sich nach seinem Podest um. Sein Blick ________ auf den Käfer. Wenig später __________ er sich auf das Auto. __________________ drückte dieses auf die Hälfte seiner Größe zusammen.

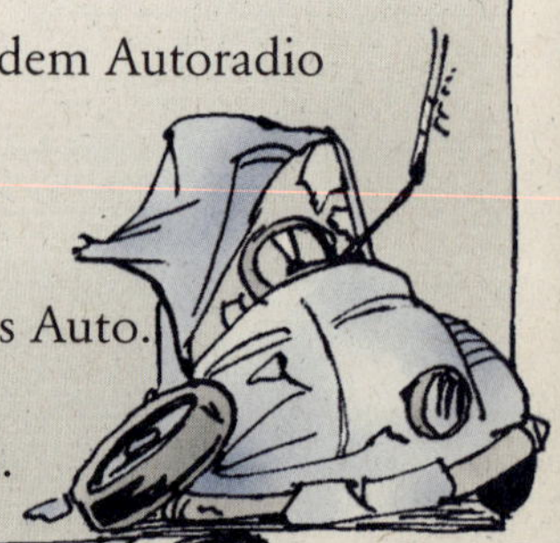

Subjekt II

1 Was kann man im folgenden Text verbessern? Achte auf die Stellung der Satzglieder.

b) Mit welchem Satzglied beginnt jeder Satz? Du fragst nach diesem Satzglied mit „Wer oder was?"

Wintermuffel

Sebastian ist ein Wintermuffel. Er sitzt am liebsten mit einem spannenden Buch oder seinen Comics im Sessel neben der Heizung. Er hasst kalte Füße, kalte Hände, eine rote Nase, rote Ohren, Husten und Schnupfen. Er würde zu gern Winterschlaf halten von Winteranfang bis Frühlingsanfang.

Seine Mutter ist anderer Meinung. Er sollte an einem Tag wie heute einen Winterspaziergang machen. Der Schnee glitzert in der Sonne. Raureif schmiegt sich an jeden Zweig. Die Luft ist kristallklar.
Sebastian zieht es allerdings vor, in die Abenteuerwelt seiner Bücher abzutauchen.

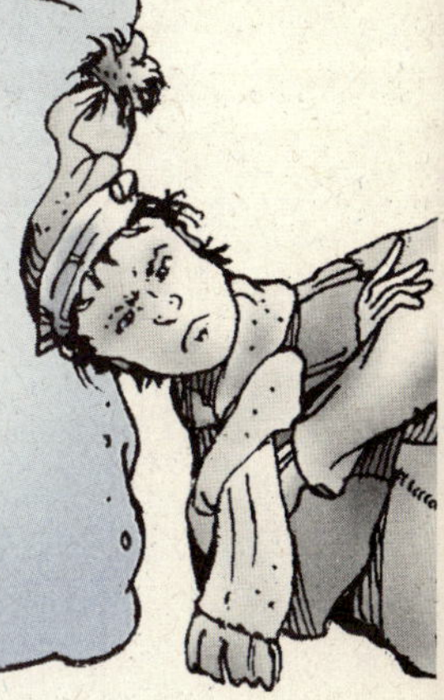

2 Du kannst den Text interessanter gestalten, wenn du nicht jeden Satz mit dem gleichen Satzglied beginnen lässt.

a) Probiere verschiedene Möglichkeiten aus.

b) Schreibe den verbesserten Text auf.

Objekte I

1 Unterstreiche in verschiedenen Farben
- die Prädikate,
- die Subjekte,
- die Dativobjekte,
- die Akkusativobjekte.

2 Wie könnte der Ausflug des Hamsters ausgehen? Schreibe den Brief zu Ende. Welche Grußformel du wählst, bleibt dir überlassen.

Liebe Lisa,

Wolnzach, 9. Juli 2...

heute schreibe ich dir einen langen Brief, denn ich möchte dir und deiner Familie einige Neuigkeiten erzählen.

Gestern fand unser Klassenfest statt. Schon am Vormittag hatten wir unseren Klassenraum geschmückt. Früh am Nachmittag betraten wir das Zimmer. Die Feier machte uns zunächst viel Spaß. Einige Schüler hatten Kuchen und Getränke mitgebracht. Majas Bruder hatte der Klasse seine Musikanlage geborgt. Laut sangen wir die Lieder mit und Fabian zeigte uns seine neuesten Tanzkünste. Doch plötzlich hörten wir einen lauten Schrei. Timo zeigte uns entsetzt seine leere Tasche. Leider hatte er nämlich trotz vieler Proteste seinen Hamster heimlich mitgebracht. Offenbar war es dem Tier jedoch zu langweilig geworden. Denn der Hamster war ihm entwischt.

____

____

____

____

____

____

____

____

Objekte II

1 Welche Objekte passen zu den Sätzen?
Ergänze die angefangenen Sätze.

a) Robby erzählt ______________________ ______________________.

b) Leise öffnete ich ______________________________________.

c) Ich verließ geräuschlos ______________________ und betrat

______________________________.

d) Leider vergaß ich ______________________________.

e) Vorsichtig näherte ich mich ______________________________.

f) Dabei hatte ich ______________________________.

g) Wer half ________________, wenn die Tiere ________________ anfielen?

2 Unterstreiche die Dativobjekte und die Akkusativobjekte in unterschiedlichen Farben.

3 Robbys Geschichte ist noch nicht zu Ende. Bilde weitere Sätze mit Dativobjekten und Akkusativobjekten. Unterstreiche auch hier die Objekte in zwei Farben.

Adverbialien

1 Unterstreiche in den kurzen Zeitungsartikeln alle Adverbialien.

REGENSBURG – Am Freitagabend herrschte in der Regensburger Innenstadt buntes Treiben. Jung und Alt feierten Halloween. Spukbegeisterte hatten dafür vorher ihre Vorbereitungen getroffen: An vielen Straßenlaternen hingen Hexen, Zauberer oder Skelette (selbstverständlich keine echten). Seit drei Tagen ist Halloween vorbei, doch bis jetzt hat niemand die Figuren entfernt. Bis morgen Abend können die Besitzer sie abholen. Danach wandern sie in den Müll.

AUGSBURG – Als die 82-jährige Berta H. in der letzten Nacht das Haus verließ, traute sie ihren Augen kaum. Mitten auf der Straße standen zwei Skelette, die sich prächtig amüsierten. Ängstlich lief die Frau zum nächsten Polizeirevier. Doch am Schalter entdeckte die Frau eine Polizistin, die sich als Hexe verkleidet hatte. Verwirrt flüchtete sie in ihre Wohnung. Frau H. wusste nicht, dass man gestern in Augsburg Halloween feierte.

MÜNCHEN – Gegen seinen Willen wurde in der vergangenen Woche ein Junge zum Notarzt gebracht. Der Junge wollte zu einer Halloween-Party. Um besonders gruselig auszusehen hatte er sich blutrote Farbe ins Gesicht geschmiert. Kaum betrat der Junge abends den Bürgersteig, wurde er von einem vorbeifahrenden Polizisten entdeckt. Dieser bestand darauf, den Jungen ins Krankenhaus zu fahren. Dort wunderten sich die Ärzte sehr.

2 **a)** Erstelle in deinem Heft eine Tabelle nach folgendem Muster.
b) Ordne die Adverbialien aus den Zeitungsartikeln ein.

Temporaladverbialien (Wann? Seit wann? Wie lange)	**Lokaladverbialien** (Wo? Woher? Wohin?)
am Freitagabend	

3 Unterstreiche mit unterschiedlichen Farben die Subjekte sowie die Dativ- und Akkusativobjekte.

Hauptsatz und Nebensatz

1 **a)** Lies den Text.
b) Unterstreiche alle Nebensätze.
c) Markiere die Konjunktionen farbig.
d) Setze die fehlenden Kommas.

Familienurlaub

Im letzten Sommer fuhren wir ans Meer. Der Arzt hatte Vater dazu geraten weil Seeluft seine Atembeschwerden lindern sollte. Nachdem wir am Ferienort angekommen waren nahmen wir sofort unsere Badesachen und liefen an den Strand. Wir wollten alle gleich ins Wasser springen obwohl es noch sehr kalt war. Vater hatte es besonders eilig. Während wir noch unsere Badekleidung anzogen war er schon auf dem Weg ins Meer. Leider hatte er gar nicht gemerkt dass er immer noch seine Brille trug. Ich wollte ihn noch warnen. Doch Vater tauchte bereits mit einem großen Sprung im Meer unter. Nachdem er wieder die Wasseroberfläche erreicht hatte war seine Brille verschwunden. Leider fanden wir sie nicht wieder obwohl wir alle lange im Wasser suchten. Da Vater ohne Brille kaum sehen kann musste er sich eine neue kaufen.

2 In den folgenden Sätzen passen die Nebensätze nicht zu den Hauptsätzen. Verbinde die Haupt- und Nebensätze richtig miteinander und schreibe sie in dein Heft.

a) Im Sommer fahren wir ans Meer, während Paul im Sand Burgen baut.
b) Im Meer macht das Baden besonders Spaß, nachdem ich mir im letzten Jahr so einen starken Sonnenbrand geholt hatte.
c) Vater und Mutter sitzen im Strandkorb, obwohl das Wasser sehr kalt ist.
d) Ich creme mich am Strand jetzt immer sehr sorgfältig ein, weil die Seeluft gut für die Atemwege ist.

Wortbildung: Zusammensetzungen

1 Die folgenden Bilder stellen Nomen dar, die durch Zusammensetzung entstanden sind. Ein Wortteil lautet immer „SCHUH".

a) Stelle fest, ob das Nomen „SCHUH" Grundwort (Damen**schuhe**) oder Bestimmungswort (**Schuh**größe) ist.

b) Schreibe die zusammengesetzten Nomen geordnet auf.

Das Nomen „-SCHUH" ist Grundwort:	Das Nomen „SCHUH-" ist Bestimmungswort:

2 Suche zusammengesetzte Nomen, in denen folgende Nomen einmal Grundwort, einmal Bestimmungswort sind. Schreibe sie auf.

Wortfeld gehen

1 Ersetze das Verb *gehen* an einigen Stellen durch treffendere Verben.

Die Ferien gehen zu Ende

Am letzten Ferientag gibt es ein Sommerfest. Ina, Meike und Kathrin gehen rechtzeitig los. Zwischen vielen Menschen gehen sie in Richtung Sportplatz. Hier sind sie jeden Tag vorbeigegangen, wenn sie zum Schwimmen gingen.

Am Rande des Sportplatzes sind viele Stände aufgebaut. Die Freundinnen gehen einmal um den Platz herum und entscheiden dann, zu welchen Spielstationen sie gehen. Ina und Kathrin gehen zu den Wasserspielen. Hier müssen sie sechs Gläser mit Wasser füllen, sie auf ein Tablett stellen und damit sechs Meter gehen.

Meike geht zu der Station, wo man über ein Seil gehen muss ohne herunterzufallen. Vor Eifer merken die Kinder zunächst gar nicht, dass mitten auf dem Platz ein Ballon niedergeht. Schnell gehen alle näher heran, um den Ballon und die Ballonfahrer aus der Nähe zu sehen. Als der Ballon wieder in die Luft gegangen ist, gehen die Mädchen noch ein Eis essen. Erst als es dunkel wird, gehen sie nach Hause. Ins Bett gehen sie aber lange noch nicht.

Wortstämme – Wortfamilien

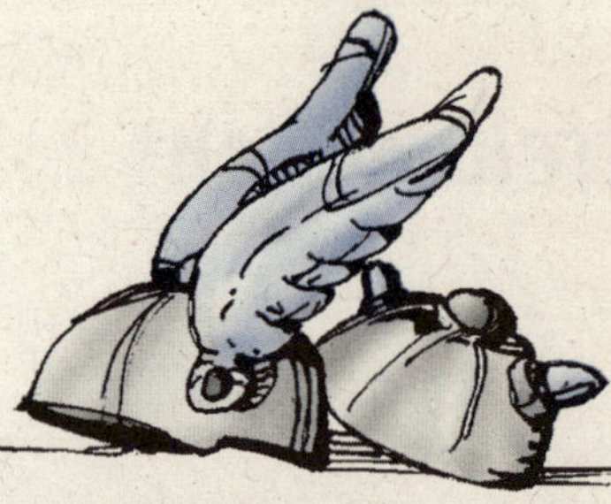

1 Trage in die Lücken die Wörter aus einer Wortfamilie ein.

Asterix und Obelix erreichten auf ihrem Feldzug eine geheimnisvolle Höhle, deren ______________ sich auf der Rückseite eines gigantischen Wasserfalls befand. Vorsichtig ____________ sie in die Höhle hinein. Kurz nachdem sie in die Dunkelheit getreten waren, teilte sich der Weg in zwei sehr schmale __________. Mutig pirschten sie sich weiter voran und entschieden sich nach links zu __________ . Plötzlich hörten sie vor sich im __________ merkwürdige Geräusche. Als sie näher kamen, sahen sie in einer muffig riechenden Ecke einen alten, grauhaarigen Mann, der sich auf seinen Gehstock stützte. Heiser und mit zitternder Stimme sagte er: „Euch hat der Himmel geschickt! Könnt ihr mir sagen, wo ich den ______________ finden kann?“

2 **a)** Suche weitere verwandte Wörter aus der Wortfamilie.

b) Setze die Geschichte fort. Verwende dazu deine Wörter aus der Aufgabe 2a).

3 Bilde mit Hilfe der Wortbausteine zu den Wortstämmen möglichst viele Wörter. Achte darauf, dass manche der Wörter großgeschrieben werden.

Wortfamilie zahl/zähl: ______________________________

____

Wortfamilie fahr/fähr: ______________________________

____

Wortfamilie kauf/käuf: ______________________________

____

Kurz- und langgesprochene Vokale

1 **a)** Sprich dir die folgenden Wörter deutlich vor und entscheide, ob der Vokal im Wortstamm kurz- oder langgesprochen wird.

b) Kennzeichne den kurzgesprochenen Vokal mit einem • und den langgesprochenen Vokal mit einem – .

müde	gibt	böse	Stadt
Laden	Gruppe	rennen	schnell
Schiff	ihm	Moor	Haar
ähnlich	immer	Lampe	gesamt
Messer	Wald	fühlen	gewöhnlich
Spiegel	Fels	viel	Blitz
Beet	mehr	Saal	Rose
fast	riesig	Sonne	hatte
Socken	Blume	lief	hetzen

2 Ordne die Wörter mit langgesprochenem Vokal aus Aufgabe 1 in die folgende Tabelle ein.

Dehnung mit h	Dehnung mit ie	Dehnung mit Doppelvokal	Dehnung ohne Kennzeichen

3 Ordne die Wörter mit kurzgesprochenem Vokal aus Aufgabe 1 in die folgende Tabelle ein.

Wörter mit einem Doppelkonsonanten	Wörter mit verschiedenen Konsonanten

Doppelkonsonanten: Wortnester

1 Setze den richtigen Doppelkonsonanten *(bb, dd, ff, gg, ll, mm, pp, tt)* ein und ergänze die Buchstaben am Wortende.

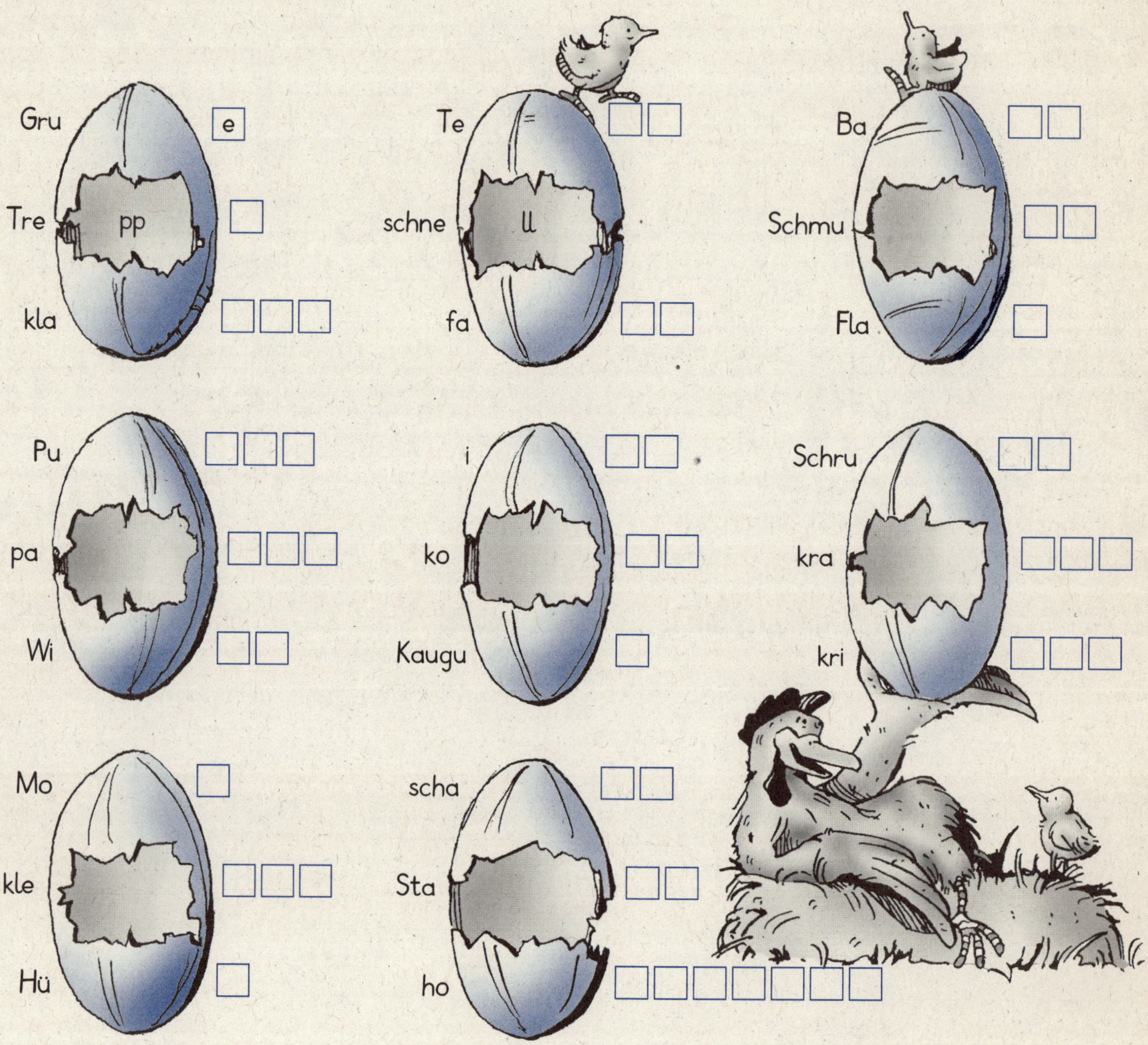

2 Verwende möglichst viele dieser Wörter in lustigen Sätzen.
Die Gruppe klapperte die Treppe hinunter.
Schreibe sie in dein Heft.

3 Überlege dir drei Wörter mit gleichem Doppelkonsonanten und stelle selbst auf einem anderen Blatt Wortnester her. Tauscht anschließend eure Wortnester aus.

Wörter mit h

1 a) Schreibe auf, welche Wörter in der Autoschlange stecken.

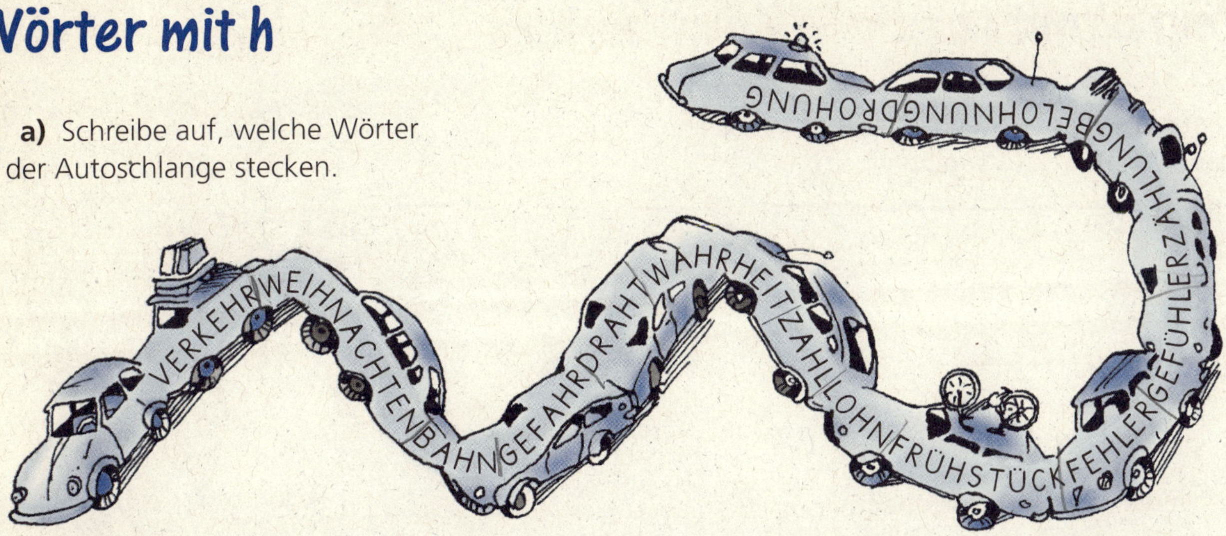

b) Kreise in allen Wörtern den langgesprochenen Vokal und das nachfolgende *h* farbig ein.

c) Gestalte selbst eine „Autoschlange". Verstecke darin Wörter mit *h*.

2 Löse das Rätsel. Gesucht werden Wörter mit h. Achtung bei Umlauten: ä = ae, ö = oe, ü = ue.

- nicht gelogen
- 25./26. Dezember
- Verkehrsmittel
- nicht traurig
- anderes Wort für angeben
- mit Nadel und Faden arbeiten
- Mahlzeit am Morgen
- auf Kuchen und Eis mag man …
- Jahreszeit vor dem Sommer
- die Blumen fangen dann an zu …
- „Drahtesel"
- beim Schreiben sollst du … vermeiden
- Sinnesorgan
- anderes Wort für „klauen"

Wörter mit ie

1 Setze in den folgenden Sätzen die Verben in das Präteritum (1. Vergangenheit).

1. Gestern ________________ mir fast das Herz stehen. (bleiben)
2. Ich ________________ gerade an meine Freundin. (schreiben)
3. Plötzlich ________________ mir ein merkwürdiges Geräusch auf. (fallen)
4. Ich sah aus dem Fenster und ________________ es nicht für möglich. (halten)
5. In unserem Garten ________________ ein Elefant herum. (laufen)
6. Ich ________________ meine Augen und sah noch einmal hin. (reiben)
7. Es war kein Traum, das Tier ________________ sich in unserem Garten wohl zu fühlen. (scheinen)
8. Meine Mutter ________________ mir, den nahe gelegenen Zirkus anzurufen. (raten)
9. Eine Stunde später ________________ mehrere Tierwärter den Elefanten zurück in sein Zelt. (treiben)

2 **a)** Schreibe zuerst jedes Wort (Nomen mit Artikel) vollständig in die Mitte.

b) Trage die Wörter dann in Großbuchstaben in das Rätsel ein. Der letzte Buchstabe in dem farbigen Kasten ist jeweils der Anfangsbuchstabe des folgenden Wortes.

S I E G E R

Br--f der Brief	Schm--d	D--b
l--b	Gl--d	G--r
D--nstag	B--gung	R--gel
S--ger	f--s	St--fvater

s-Laute I

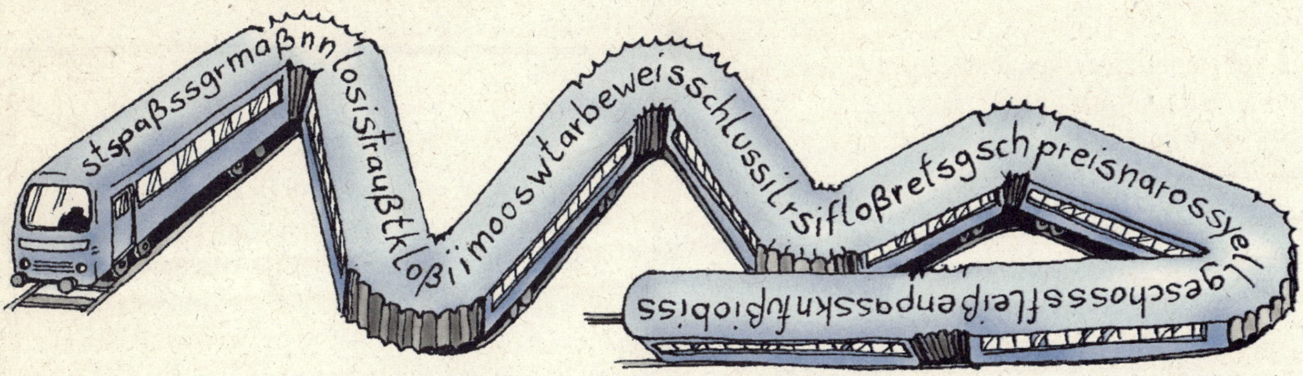

1 In der S-Bahn sind einige Nomen an Bord. Finde sie heraus und schreibe sie auf.

2 Ordne die Nomen sinnvoll in die Tabelle ein.

s	ß	ss

3 Ergänze die Tabelle durch eigene Beispiele.

s-Laute II

1 **a)** Jeder zweite Buchstabe zählt: Suche die Wörter heraus und schreibe sie auf.
b) Setze die gefundenen Wörter richtig in den Text „Der Staubfinger" ein.
c) Unterstreiche im Text weitere Wörter mit einem s-Laut.

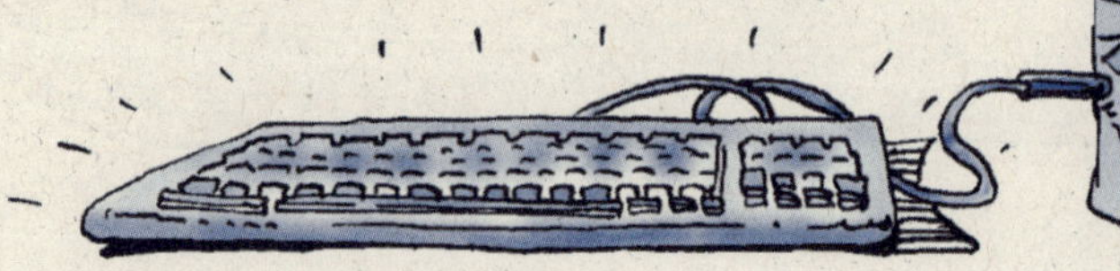

a	s	s	c	d	h	f	l	g	i	h	e	j	ß	k	l	l	i	k
c	ö	h	ä	b	y	e	x	s	c	o	b	n	n	d	m	e	q	r
w	s	e	f	e	l	r	e	t	i	z	ß	u	i	o	g	p	e	ü
t	a	w	s	a	d	s	f	a	g	u	b	ß	m	e	h	r	x	d
p	e	e	m	w	p	c	a	s	s	y	s	n	t	h	e	z	v	ä
e	w	r	z	g	u	a	o	ß	g	n	c	e	n	r	m	v	a	ö
q	s	t	b	z	i	u	s	o	s	p	c	l	h	k	e	b	n	m
d	m	a	n	r	b	a	c	u	v	s	x	k	y	l	t	a	r	s
r	s	e	e	z	m	i	u	o	s	p	s	ü	t	h	e	u	t	f

schließlich, ____________________

____

____

Der „Staubfinger"

__________ saß Tom am Computer. Er __________ bis zum nächsten Tag einen Text umgearbeitet haben. Bei einem solchem Ereignis war er immer ein __________ __________ und froh, sobald er es geschafft hatte. __________ brauchte er eine kleine Pause. Da kam seine Mutter herein, der die Unordnung nicht __________ und die immer __________ zum Abstauben fand. Die nutzte sofort die Gelegenheit, um die Tastatur abzustauben; sie __________ aber dabei, dass der Computer noch lief. Prompt passierte das Unglück, das Programm stürzte ab. Tom kam hastig herein: „Musst du immer abstauben, wenn der Computer eingeschaltet ist?" Schließlich bemerkte er einigermaßen nervös: „Was mache ich denn nur, mein Training fängt gleich an?" Seine Mutter meinte großzügig: „Na gut, eigentlich solltest du etwas __________ lernen, aber in diesem Fall helfe ich dir und schreibe deinen Text __________ sorgfältig noch einmal ab." „Das finde ich __________, vielen Dank", rief Tom erleichtert.

das/dass I

1 **a)** Setze in die Lücken *das* oder *dass* ein.

b) Überprüfe dein Ergebnis mithilfe der Ersatzprobe. Lies dazu den Tipp im Sprachbuch auf Seite 188.

Dein persönlicher Ratgeber

1 Wusstest du, dass ich über dich mehr weiß, als du selbst?

2 Ich erstelle dir dein persönliches Horoskop, das dir auf alle Fragen eine Antwort gibt.

3 Das wird dich interessieren: das Ergebnis deiner letzten Schulaufgabe.

4 Wusstest du, dass dich jemand in der Klasse besonders gern hat?

5 Hast du dir schon Gedanken über das nächste Geburtstagsgeschenk gemacht, das du von deinen Eltern bekommst?

6 Ich weiß alles über das nächste Fußballspiel deines Lieblingsvereins.

7 Ich kenne sogar das peinlichste Geheimnis deiner Lehrer.

8 Und dass ist noch nicht alles.

9 Ich denke, dass du deinen Spaß haben wirst. Neugierig geworden?

10 Dann schreibe mir. Aber denke daran, dass ich nicht umsonst arbeite!

(Nur Bares ist Wahres!)

das/dass II

1 Setze in die Lücken *das* oder *dass* ein.

Der Reinfall

Nie hätte Axel S. aus Haselbach gedacht, dass er einmal das Opfer eines Hochstaplers werden würde. Als Herr S. im letzten Monat über den Jahrmarkt ging, entdeckte er das kleine Zettelchen, das an einem Wohnwagen hing. Darauf stand das Folgende geschrieben:

> Wussten Sie, dass Sie schon in Kürze Millionär sein können?
> Sterndeuter Felix weist Ihnen den richtigen Weg zum Millionengewinn.
> Schicken Sie einfach drei Euro an die folgende Adresse:
> Sterndeuter Felix, Sternstraße 1, Mainburg

Das war etwas, worauf Axel schon lange gewartet hatte. Er nahm das Angebot an und schrieb dem angeblichen Sterndeuter noch am selben Abend. Natürlich vergaß er nicht, dass er seinem Schreiben auch das nötige Kleingeld beilegen musste. Lange wartete er auf eine Antwort. Schließlich dachte er sich, dass er vielleicht zu wenig ausgegeben hatte und schickte noch etwas Geld hinterher. Nach drei weiteren Briefen kam ihm das komisch vor und er suchte die angegebene Adresse des Sterndeuters persönlich auf. Dort befand sich nur noch ein Schild, das mit folgenden Worten beschrieben war:

> Vielen Dank! Ich bin unbekannt verzogen.
> Euer Sterndeuter Felix

Wie viele andere war Axel S. nur reich an Erfahrung geworden.

Wörter mit b, d, g

1 Verlängere die Wörter und schreibe sie auf. Trage die fehlenden Buchstaben ein.

frem[d]	fremdes Land
Glücksra[ ]	______
Schla[ ]	______
er he[ ]t	______
sie zei[ ]t	______
es kle[ ]t	______
hal[ ]	______
gesun[ ]	______
Gra[ ]	______
wüten[ ]	______
gro[ ]	______

2 Ergänze die fehlenden Buchstaben in den folgenden Wörtern.

3 Lies die Sätze. Welche Wörter aus Aufgabe 2 können in die Lücken passen? Trage die Wörter in die Lücken ein.

1. Es war so ______, dass der Autofahrer das ______ zu spät sah.
2. Der neue ______ bei dem internationalen ______ in ______ ______ bei den Reportern großes Interesse.
3. Vor lauter Übermut ______ das ______ in der Turnhalle herum.
4. Sie hatte ______ ______ vom Herumsitzen vor dem Fernseher.
5. Er ______ wie gedruckt und ______ ihr die ______ in die Schuhe.
6. Der ______ ______ das ______ von den Bäumen.

Wörter mit ä und mit äu

1 a) In jedem Rätsel findest du elf Wörter. Kreise sie zunächst ein.

b) Schreibe dann jedes Wort noch einmal richtig auf. Beachte die Groß- und Kleinschreibung.

Wörter mit ä

K	R	Ä	F	T	I	G	Q	Q	M	S	R
Ä	Y	D	H	V	M	P	Q	U	B	V	R
L	W	D	M	T	E	Y	W	Ä	R	M	E
T	R	Ä	D	E	R	T	G	L	Q	S	K
E	G	W	F	H	G	R	T	E	K	J	Y
K	X	S	C	H	Ä	L	E	N	K	T	T
H	P	W	C	X	N	S	X	N	H	W	C
Y	P	J	Ä	R	Z	T	E	T	K	Ä	R
T	S	T	T	G	E	W	R	R	F	H	G
N	N	Ä	H	E	N	R	W	N	D	L	H
L	Y	Q	P	V	Q	L	Ä	L	T	E	R
J	C	R	W	G	G	T	H	R	P	N	V

Wörter mit äu

G	M	M	C	G	P	Q	L	B	B	B	X
Y	S	Ä	U	B	E	R	N	G	N	L	L
L	Ä	K	G	R	G	K	L	X	H	Ä	C
Q	U	T	R	Ä	U	M	E	Y	X	U	V
K	R	X	Q	U	N	S	B	L	G	L	M
Ä	E	L	Q	N	R	H	Ä	U	F	I	G
U	T	B	F	E	Ä	G	U	F	V	C	Z
F	T	Y	F	C	U	T	M	L	H	H	Ä
E	J	H	Z	Ä	M	N	E	Ä	H	P	U
R	F	Y	F	Q	E	N	W	U	V	W	N
G	R	Ä	U	L	I	C	H	S	G	S	E
Q	S	V	M	T	L	T	O	E	H	K	W

2 Ordne die gefundenen Wörter im Heft nach *Nomen, Verben, Adjektiven.*

3 Suche zu den gefundenen Wörtern verwandte Wörter mit *a* bzw. *au* und schreibe sie in dein Heft: *die Kälte – kalt, die Bäume – der Baum.*

Groß- und Kleinschreibung I

1 **a)** Schreibe bei jedem Nomen den großen Anfangsbuchstaben über das Wort.

b) Unterstreiche – soweit vorhanden – die Signalwörter für die Großschreibung.

Drum

Josef Guggenmos

Das schiefe haus
im tiefen wald,
das ist der räuber
aufenthalt.
Warum ist das räuberhaus
schief und krumm?
Warum, warum,
warum, -rum, -rum?

Wenn abends die räuber
beisammen hocken,
am feuer die füße
mit den nassen socken,
ja, wenn sie da sitzen
beim gewilderten braten,
erzählen sie sich
ihre heldentaten.

Mit tollen gebärden
beim flackernden feuer
berichten sie grässliche
abenteuer.
Und jeder weiß
immer wieder was. –
Was sie einst vollbrachten,
ganz unglaublich ist das!

Es ist auch nicht wahr,
sie flunkern und lügen,
sie lügen, dass sich
die balken biegen.
Und weil sie immer
so kräftig logen,
dass sich die balken
mit ächzen bogen,

drum ist das räuberhaus
gar so krumm.
Drum, drum, drum, drum,
drum, drum, drum, drum.

Groß- und Kleinschreibung II

1 Schreibe den Text in richtiger Groß- und Kleinschreibung auf. Wende bei Zweifelsfällen die Artikelprobe an, um festzustellen, ob ein Wort ein Nomen ist.

Was man sich vom Schlaraffenland erzählt …

MÜDE SCHÜLER TRÄUMEN IN LANGWEILIGEN SCHULSTUNDEN OFT VOM SCHLARAFFENLAND. WER HINEINGELANGEN WILL, MUSS SICH ERST DURCH EINEN GEWALTIGEN BERG AUS KÖSTLICHEM, SÜßEM REISBREI ESSEN. DANN BRAUCHT MAN NUR NOCH DIE HAND AUSZUSTRECKEN, UM SATT ZU WERDEN: DA WACHSEN HEIßE WÜRSTCHEN AN DEN BÄUMEN UND KNUSPRIGE BRÖTCHEN HÄNGEN GLEICH DANEBEN. SCHÜSSELN MIT DAMPFENDEN KLÖßEN UND KNACKIGEM GEMÜSE STEHEN ÜBERALL AUF DEN GEDECKTEN TISCHEN. FERTIG GEBRATENE SCHWEINE MIT DEM POLIERTEN BESTECK SCHON IM RÜCKEN RENNEN EINEN FAST UM. WENN SICH EIN GESTRESSTER SCHÜLER FAUL INS GRAS LEGT, FLIEGEN IHM SAFTIGE HÄHNCHENKEULEN IN DEN MUND. AUS DEN FRIEDLICHEN TEICHEN SPRINGEN GEDÜNSTETE FISCHE AUF EIN LAUTES PFEIFEN HERAUS. IM GRÜNEN GRAS LIEGEN DORT WÜRZIGE KÄSESTÜCKE WIE STEINE HERUM. UND ÜBERALL GIBT ES RIESIGE SPRINGBRUNNEN, AUS DENEN JEDES KÖSTLICHE GETRÄNK HERAUSSPRUDELT, DAS MAN SICH WÜNSCHT. IM SCHLARAFFENLAND SIND SCHULEN NATÜRLICH VERBOTEN.

2 Zeige, was du kannst: In den unten stehenden Texten wurde an einigen Stellen gegen die Großschreibung verstoßen. Markiere die falsch geschriebenen Wörter und schreibe den Text noch einmal richtig ab.

In der Großen pause sitzt Petra in einer Ecke und beschreibt Eifrig einen Kleinen Zettel.
„Was machst du denn da?", fragt Moni und kommt neugierig näher.
„Ich schreibe mir einen Spickzettel für die schwere Mathearbeit!"
„Du? Aber du schreibst doch immer eine Eins!"
„Normalerweise schon, aber heute stand in meinem Horoskop: Vorbereitung zahlt sich aus!"

Der deutschlehrer erzählt seiner Klasse, dass die Meisten Berühmten Dichter schon tot sind. Da meldet sich Klaus: „Das kann nicht sein – die Straßenbahn war heute früh voll von Dichtern!"
„Wie kommst du denn darauf?"
„Na, als die Türen nicht mehr zugingen, rief der schlaue fahrer laut ins Mikrofon: ‚Alle Dichter zusammenrücken!'"

Das Komma bei Aufzählungen

1 Setze in den folgenden Texten die fehlenden Kommas.

Fasching

Die Faschingszeit beginnt am 11. 11. um 11:11 Uhr und endet im Februar oder März des folgenden Jahres. In den letzten Wochen des Faschings finden Umzüge Tanzveranstaltungen lustige Elferratssitzungen und viele andere Feste statt. Bei den Veranstaltungen geht es lustig närrisch bunt ausgelassen oder auch kritisch zu. Gerne werden Politiker wirtschaftliche Verhältnisse oder bestimmte Ereignisse eines Ortes auf die Schippe genommen. Im dichten Gewühl des Faschingsumzugs auf den überfüllten Straßen oder im Tanzsaal fühlen sich die Menschen frei. Sie laufen mit gefärbten Haaren bemalten Gesichtern und bunten Kleidern herum. (8 Kommas)

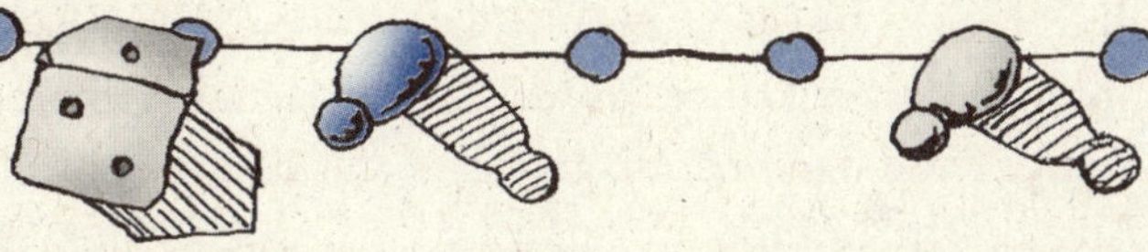

Spielen ist Spitze!

Heute gibt es Computerspiele für jede Altersgruppe für unterschiedliche Geschmäcker und in vielen Arten. Du findest Geschicklichkeitstests alte und neue Würfelspiele tolle Abenteuerspiele interessante Wissensspiele Lernspiele Spring- und Rennspiele echt wirkende Sportspiele und bekannte Kartenspiele. Bevor du zu spielen anfängst, kannst du meist die Anzahl der Spieler die Schnelligkeit und den Schwierigkeitsgrad einstellen. Wenn du einen leistungsfähigen Computer das nötige Zubehör und die entsprechende Software besitzt, kannst du mit Freunden spannende Stunden erleben.

(9 Kommas)

Der verflixte Automat

Habt ihr an eurer Schule auch einen Getränkeautomaten? Bei uns befindet sich so ein lästiger geldhungriger und launischer Apparat. Gestern raubte er mir wieder mal den letzten Nerv. Nach dem Sport nutzte ich schnell die Zeit. Ich sauste zum Automaten holte mein letztes Kleingeld heraus steckte die Münzen in den vorgesehenen Schlitz drückte die Wahltaste und freute mich auf mein Erfrischungsgetränk. Abgespannt durstig und ungeduldig wartete ich auf mein Getränk. Nichts tat sich! Bei der fünften Wiederholung konnte ich meine Wut nicht mehr bremsen. Der verflixte Automat sollte es büßen. Wütend bearbeitete ich das widerspenstige Gerät. Ich trat boxte schlug und hämmerte gegen die Maschine. Unglücklicherweise muss ich zu laut gewesen sein. In diesem Moment schaute mein Klassenlehrer aus der Tür und erwischte mich „auf frischer Tat“.

(7 Kommas)

Kommas in Satzreihen und Satzgefügen

1 Setze die fehlenden sieben Kommas.

Das Leben des Karl May

Wir alle kennen Bücher und Filme über Winnetou und Old Shatterhand doch über deren Autor Karl May wissen viele von uns kaum etwas. Karl May wurde im Jahre 1842 im Erzgebirge geboren. Seine Kindheit war zunächst schwierig denn er war das fünfte Kind einer armen Weberfamilie und er erblindete kurz nach seiner Geburt. Erst in seinem fünften Lebensjahr konnte er durch eine Operation wieder sehen. May wollte Lehrer werden aber seine Amtszeit war nur von kurzer Dauer. Er wurde nämlich beschuldigt, eine Taschenuhr gestohlen zu haben. Aus diesem Grunde musste May ins Gefängnis und dies blieb nicht seine einzige Straftat. Es folgten weitere jahrelange Haftstrafen denn noch öfter wurde er des Diebstahls überführt. In seiner Haftzeit begann er zu schreiben und auch danach setzte er seine schriftstellerische Tätigkeit fort. Als 40-Jähriger konnte er schließlich von seinen zahlreichen Büchern leben aber schon bald bekam er neue Probleme. 1899 wurde der Autor von seinen Fans plötzlich als Schwindler bezeichnet denn bis dahin hatte er vorgegeben, alle seine Abenteuer selbst erlebt zu haben. Das stimmte jedoch nicht. 1912 starb Karl May schließlich doch sein Werk ist auch fast hundert Jahre später vielen Menschen bekannt.

2 **a)** Setze die fehlenden neun Kommas.

b) Markiere die Konjunktionen und unterstreiche das Verb am Ende des Nebensatzes.

Das Werk des Karl May

Nachdem die Figuren Old Shatterhand, Winnetou und Hadschi Halef Omar über Jahre hinweg viele Millionen Menschen begeistert haben gehört Karl May heute zu den erfolgreichsten Schriftstellern. Wie uns allen bekannt ist sind die Abenteuer Karl Mays inzwischen in Büchern, im Fernsehen, auf Kassette oder CD sowie auch im Comic zu verfolgen. Meistens wählte der Autor in seinen Werken exotische Schauplätze weil dies die Fantasie der Leser besonders anregt. Hier lässt er seine Helden kämpfen oder die Friedenspfeife rauchen wenngleich er selbst die meisten dieser Landschaften wohl nie kennen gelernt hat. Heutzutage wissen nur noch wenige dass viele seiner Werke zunächst als Fortsetzungsgeschichten in Zeitschriften erschienen. Da Karl May damals seitenweise bezahlt wurde zog er manche Geschichten besonders in die Länge. Deshalb dürfen wir uns nicht wundern dass über viele Seiten Naturbeschreibungen zu finden sind. Dass Karl Mays Werke auch heute noch so beliebt sind hat verschiedene Gründe. Viele Leser mögen die Abenteuergeschichten weil sie einfach zu lesen sind und auf Spannung und Komik nicht verzichtet wird.

Immer diese Kommas!

1 Lies dir die Sätze durch.
Welche Aussagen hältst du für richtig?
Die Lösung erhältst du, wenn du für die folgenden Ziffern Buchstaben aus dem Alphabet setzt:
18 ☆ 9 ☆ 3 ☆ 8 ☆ 20 ☆ 9 ☆ 7: 1, 2 ,4

2 Setze die fehlenden Kommas.

Weihnachtsquiz

1. Stimmt es dass wir das Bild des rot-weißen Weihnachtsmannes einer alten Getränke-Werbung verdanken? Angeblich wurde 1930 der Weihnachtsmann mit dem weißen Bart dem roten Mantel und dem weißen Pelz zum ersten Mal gezeichnet. Zuvor soll er nur braun gekleidet gewesen sein doch können wir das glauben?

2. Obwohl es in Japan nur wenige Christen gibt sollen viele Japaner Weihnachten feiern. Angeblich liegt dies an den großen Warenhäuser die in der Weihnachtszeit ähnlich wie die Kaufhäuser in West-Europa geschmückt sind.
Richtig oder falsch?

3. Kannst du dir vorstellen dass im Jahre 2 000 in der Advents- und Weihnachtszeit ca. 10 000 Zimmerbrände von der bundesdeutschen Feuerwehr gelöscht werden mussten? Sie sollen durch unbeaufsichtigte Kerzen falsch eingesetztes Tischfeuerwerk oder auch durch durchgebrannte Lichterketten entstanden sein.

4. Der beliebteste Weihnachtsbraten bei uns soll nach wie vor die Gans sein obwohl Ente und Wild auch sehr beliebt sein sollen. Stimmt das?

5. Nachdem im Jahre 2000 zu Weihnachten viel verzehrt worden ist sollen die deutschen Bundesbürger zusammen an die 200 000 t zugenommen haben. Süßigkeiten Torten Gebäck und fettes Essen sollen dafür verantwortlich gewesen sein. Ist das realistisch?

Zeichensetzung bei der wörtlichen Rede

1 **a)** Unterstreiche in jedem Satz wie im ersten Beispiel den Begleitsatz.

1. „Ich bin ein armer Geselle und bitte um etwas zu essen“, sagte Till Eulenspiegel.
2. Die Wirtin antwortete: „Fleisch und Brot bekomme ich auch nicht umsonst.“
3. „Für wie viel Geld soll ich hier essen?“, fragte Eulenspiegel.
4. „Am Herrentisch für vierundzwanzig Pfennige“, erwiderte die Frau.
5. „Am Tisch mit meinen Dienstboten für zwölf Pfennige“, fuhr sie fort.
6. Da dachte Eulenspiegel: „Das meiste Geld ist für mich am besten!“

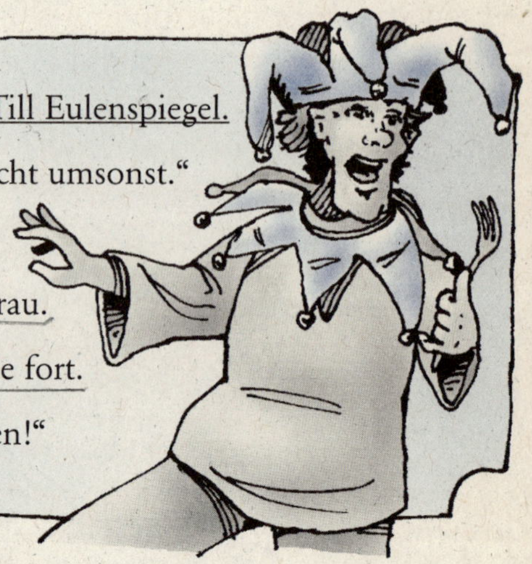

b) In welche Spalte der folgenden Tabelle musst du die Sätze einordnen?

vorangestellter Begleitsatz	nachgestellter Begleitsatz
2	1
6	3
	4
	5

2 Ergänze die fehlenden Satzzeichen.

a) Nach dem Essen sprach Eulenspiegel zur Wirtin Gebt mir nun den Lohn fürs Essen.

b) Diese entgegnete Du schuldest mir vierundzwanzig Pfennige!

c) Eulenspiegel widersprach Ich habe gegessen um Geld zu verdienen und möchte den Lohn für diese schwere Arbeit.

d) Da gab die Wirtin zur Antwort Die Mahlzeit sei dir gegönnt, aber Geld bekommst du nicht noch zusätzlich.

e) Ärgerlich brummte Eulenspiegel Schade! Warum habe ich mir solche Mühe gegeben und für drei gegessen?

f) Die Wirtin schrie ihm hinterher Lass dich nicht mehr hier blicken!